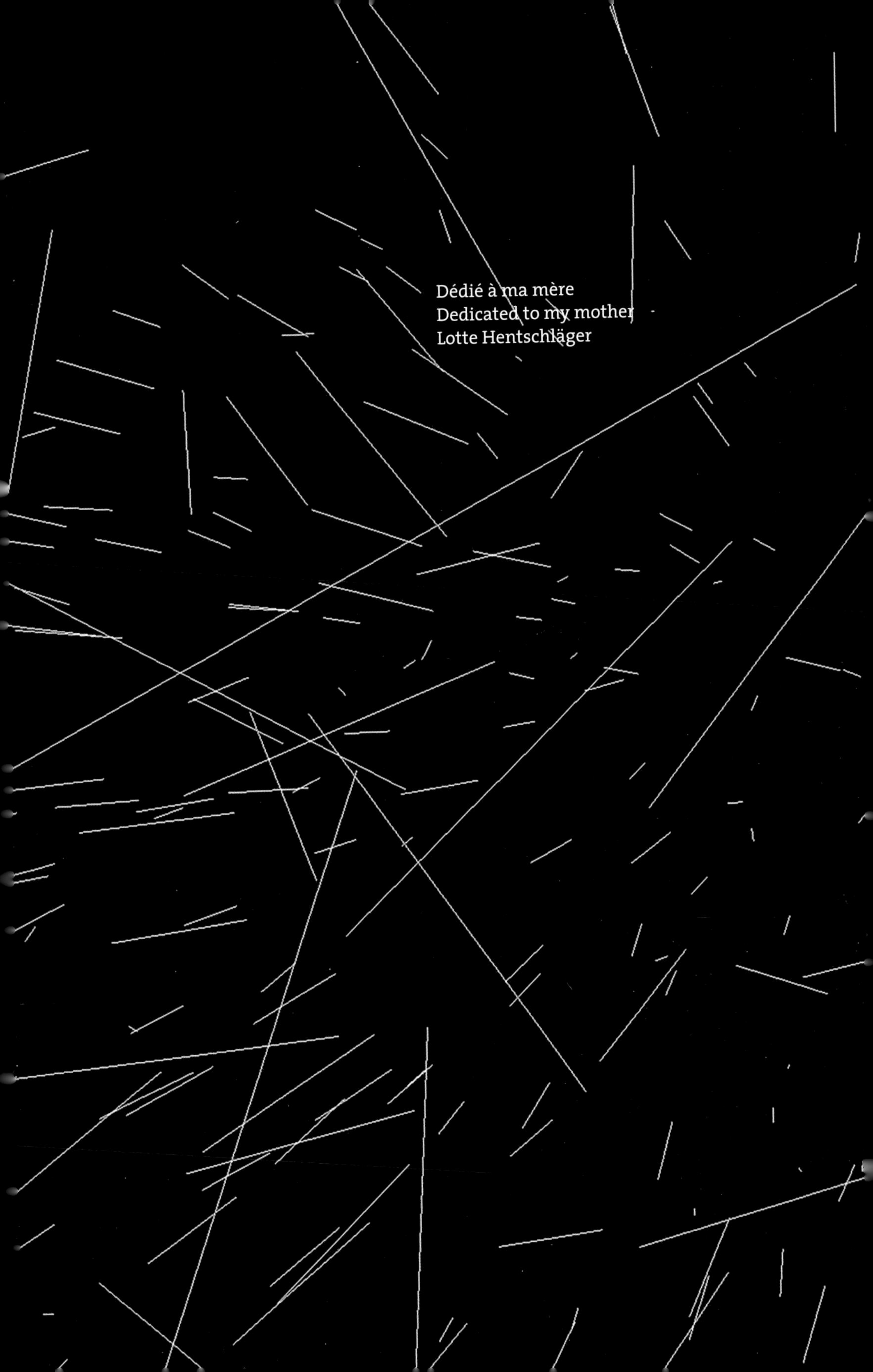

Dédié à ma mère
Dedicated to my mother
Lotte Hentschläger

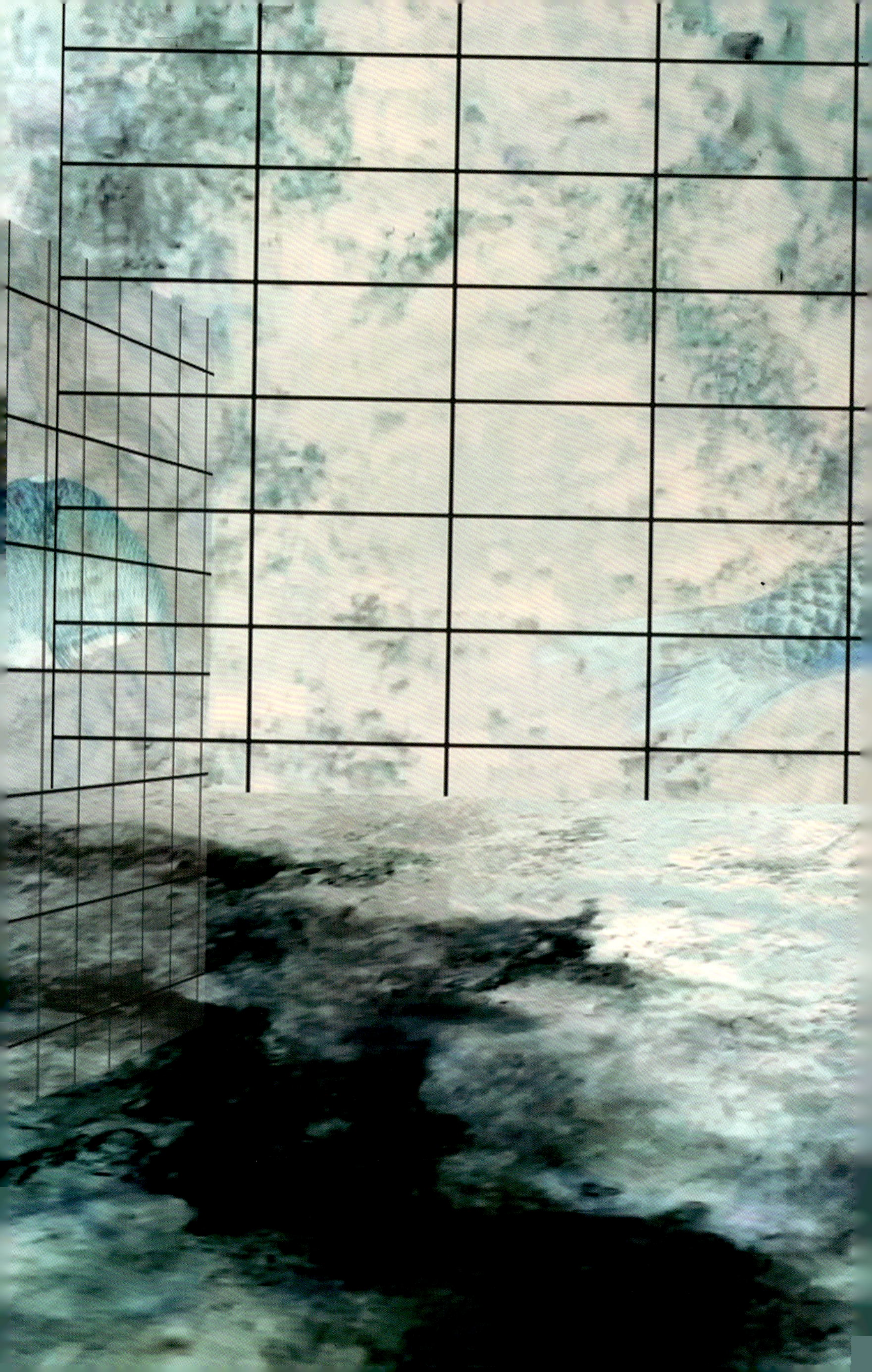

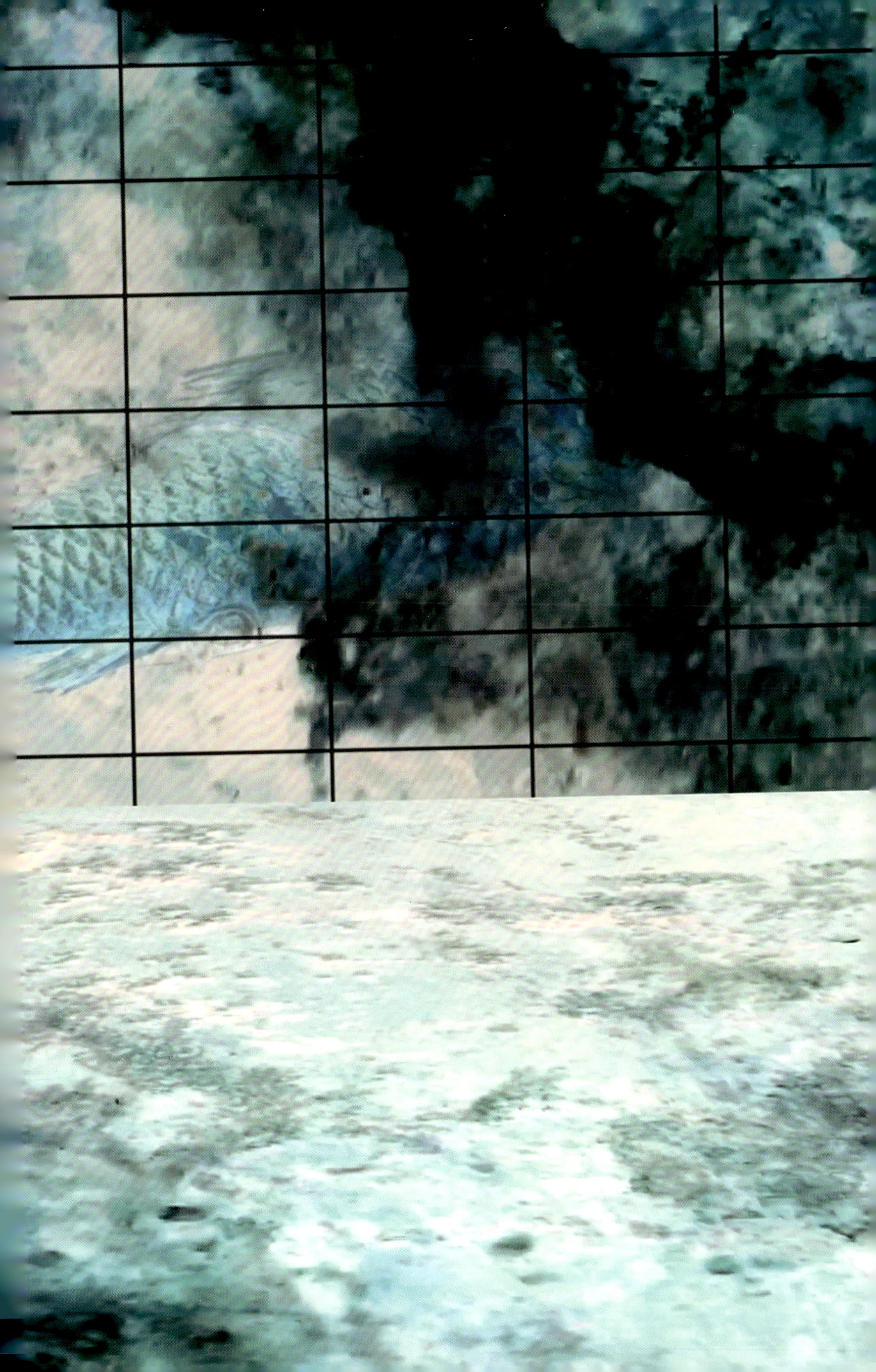

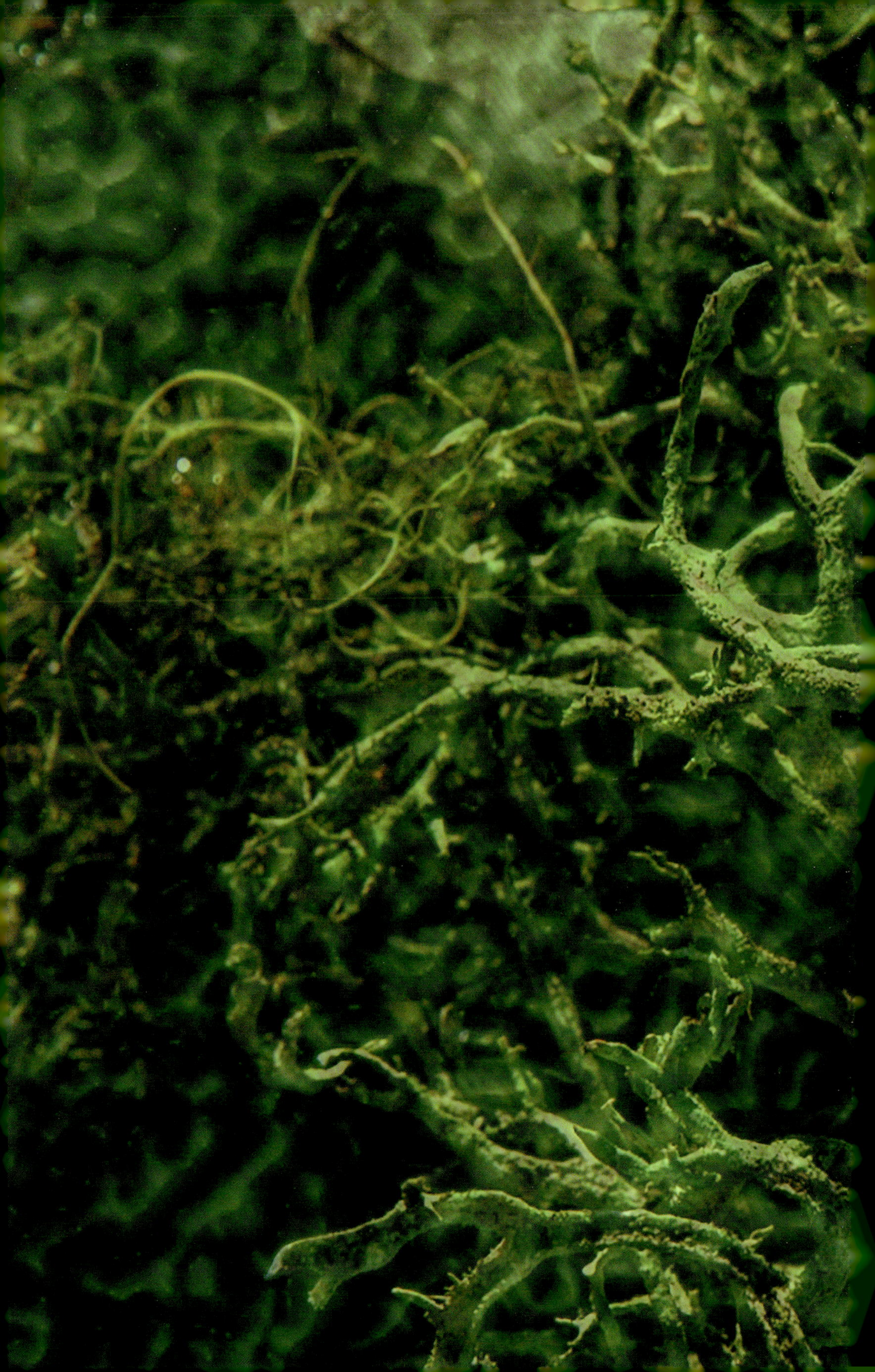

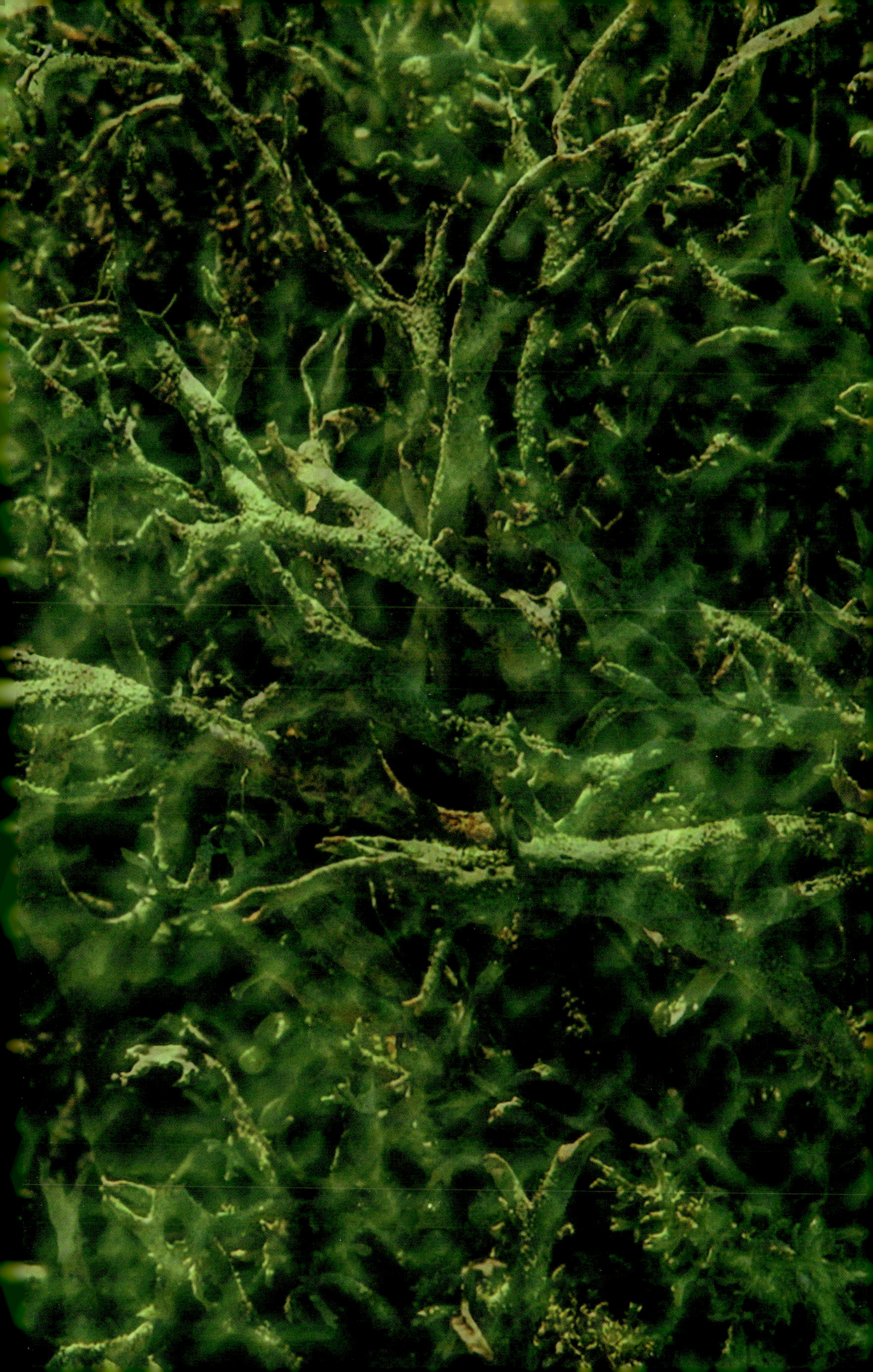

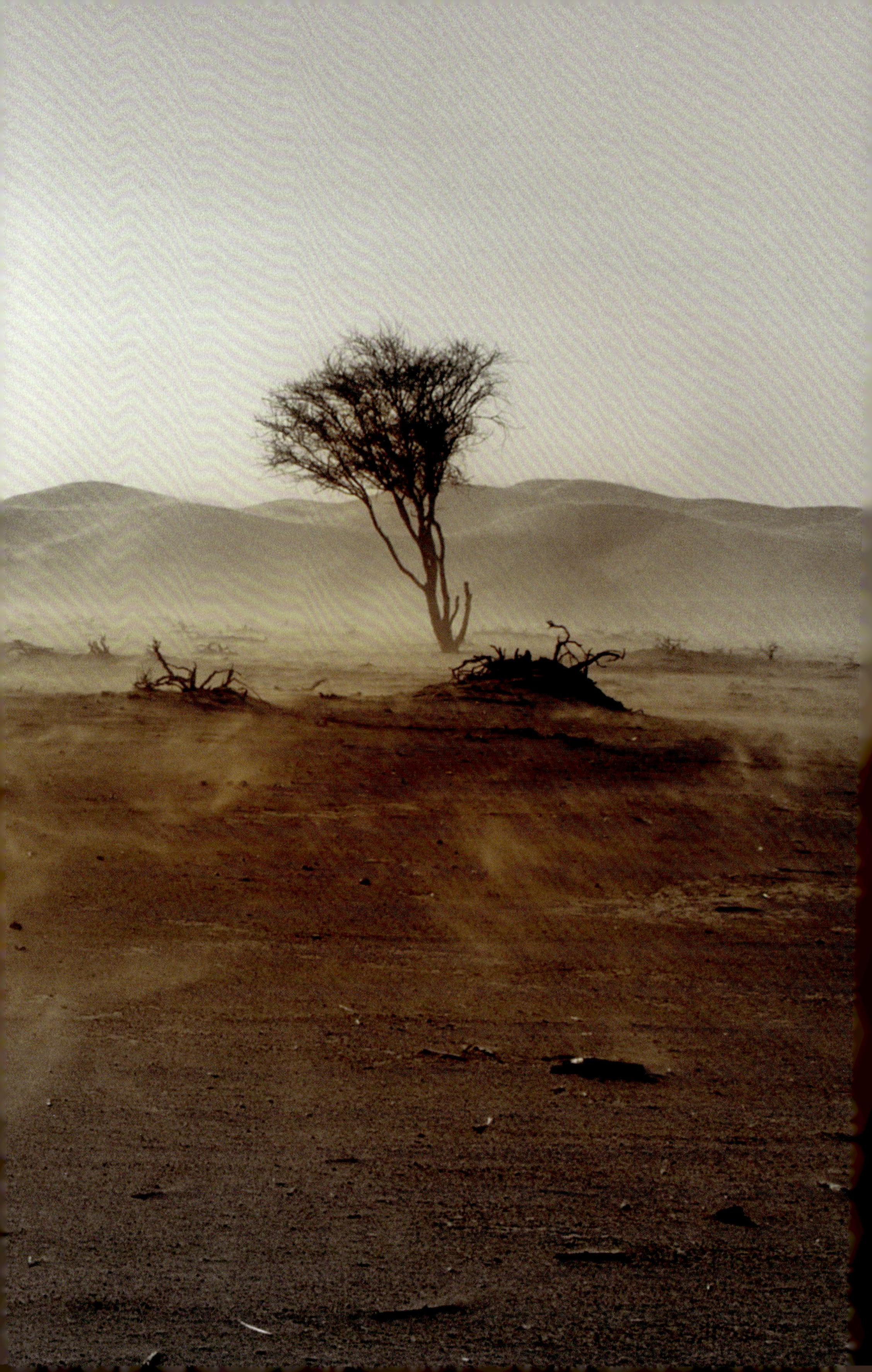

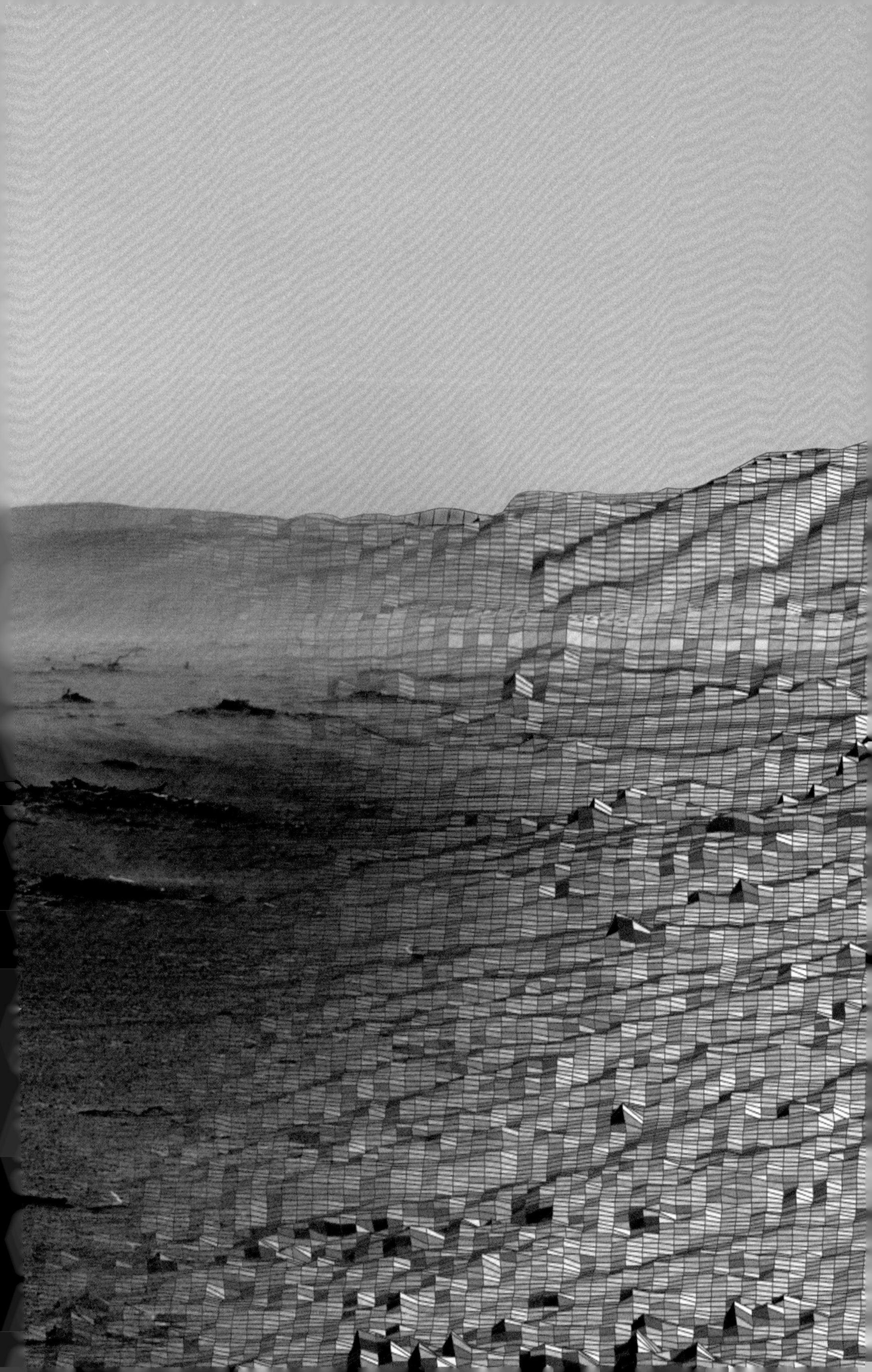

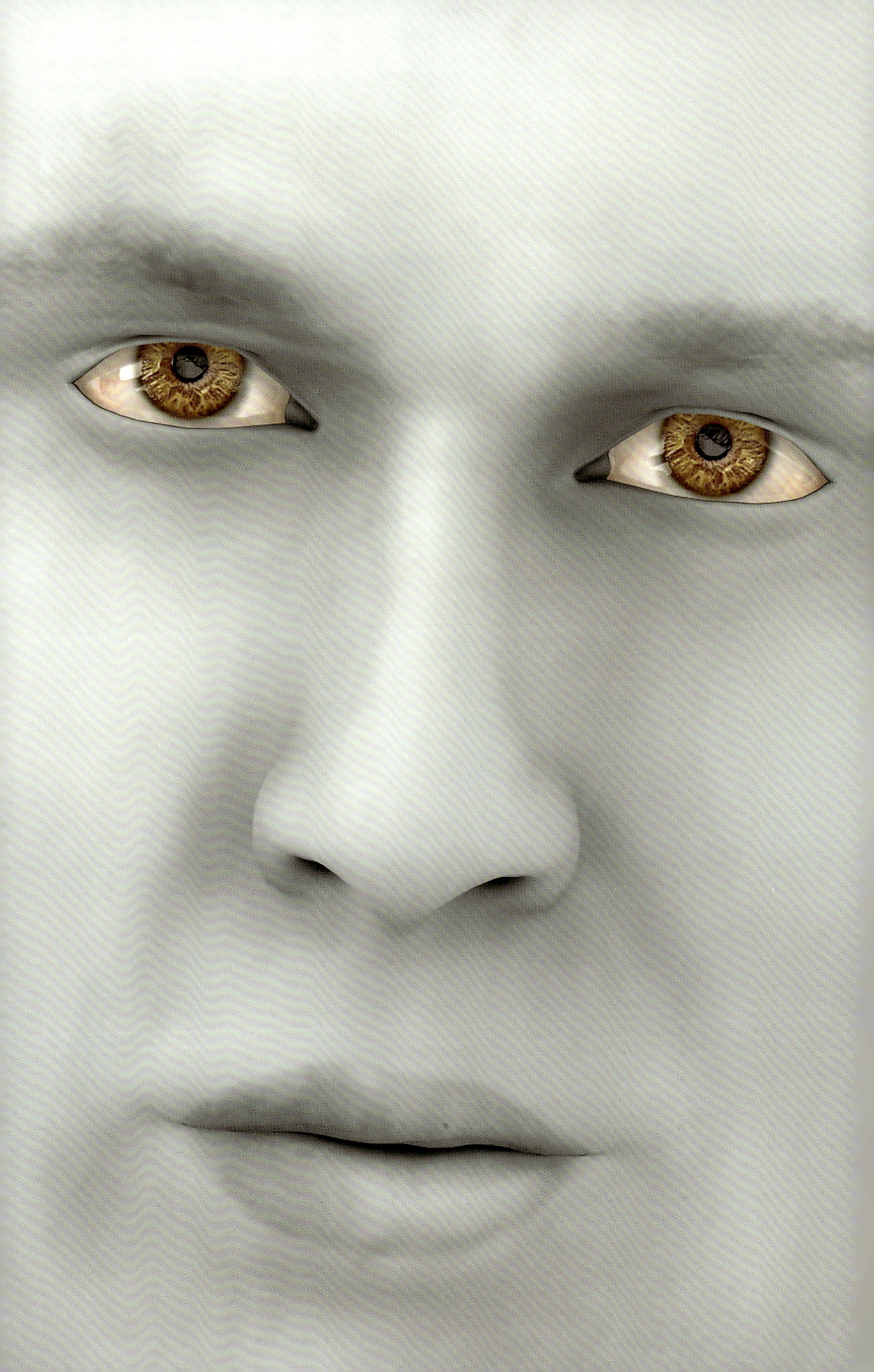

RENDERED REAL

The Mediated Landscapes
of Kurt Hentschläger

Paysages électroniques
de Kurt Hentschläger

SCAPE 2007
VIEW 2010–2011
SECTOR 2c 2012
MEASURE 2014
ORT 2017

DISTANZ

La ville est d'une certaine manière notre niche ;
c'est notre place et, sans elle, personne ne peut devenir complètement humain.

Holmes Rolston

La nature, à proprement parler, est un lieu commun.

Donna Haraway

Paysages électroniques de Kurt Hentschläger

Daniel Rourke

Dans la nouvelle œuvre de Kurt Hentschläger intitulée ORT, la menace d'une catastrophe, toujours présente mais de plus en plus indéfinissable, plane sur le public : une imposante sensation de calamité présagée par une armée de têtes sans corps dont les mâchoires claquent, alors qu'un bourdonnement profond gronde à travers ces corps qui nous encombrent et dont nous ne pouvons pas nous défaire. L'œuvre donne à voir un âge dépourvu de corps, durant lequel l'angoisse de l'endurance se voit réduite aux gestes faciaux. Dans la ville du Havre, sur la façade à 360° du théâtre Le Volcan, la projection d'ORT par Hentschläger invoque de multiples horizons qui semblent plier l'édifice sur lui-même. Le théâtre devient son propre œil intéressé, un léviathan architectural qui nous fixe de ses extensions qui, si elles existaient réellement, briseraient les paramètres spatio-temporels de la ville, entraînant tous les corps, toute la matière et, peut-être, la planète au grand complet à l'intérieur, vers l'infini. Si l'on se tourne vers l'imaginaire hollywoodien des dernières décennies, on peut constater que toutes les catastrophes sont des phénomènes urbains. Extraterrestres, astéroïdes, tsunamis et dinosaures hauts comme des gratte-ciel – tous se font concurrence pour que s'écroulent des édifices avec leurs images synthétiques de débris, l'expérience sensorielle augmentée du cinéma habituant le corps à des chocs de proportion apocalyptique. Ainsi, la ville a toujours été une technologie qui permet de visionner la fin de la civilisation, technologie ranimée dans ORT, en tant que surface médiatique, toile, seuil de perception et moyens d'évasion illusoire.

Écrivant sur la « fantasmagorie » de la ville au début du 20e siècle, Susan Buck-Morss a décrit la métropole industrielle comme « un paysage de techno-esthétique, un éblouissant monde créé pour plaire à la foule qu'il enveloppait d'environnements globaux[1] ». Veinée d'électricité et scintillante grâce à de nouveaux matériaux qui permettaient à ses bâtiments d'accéder à des hauteurs supranaturelles, la ville industrielle était une aire de jeu pour les sens, intoxiquant une nouvelle race de citoyens avides de ses stimuli. À peu près au même moment, avec l'invention du cinéma, l'observation est délogée de l'espace de l'observateur solitaire. La projection cinématographique plongeait les spectateurs dans des profondeurs impénétrables qui, jusque-là, n'avaient été suggérées que par les perspectives lumineuses, vertigineuses, de la ville. Sur l'écran de cinéma, la trépidante activité urbaine d'une journée entière, avec ses complexités et son tumulte, pouvait être comprimée en quelques minutes de montage. Dans des salles plongées dans le noir, loin du bourdonnement de l'étalement urbain alentour, les écrans de cinéma offraient aux spectateurs, confinés à leurs corps finis, une expérience apparemment commune de conscience illuminée dépassant de loin l'euphorie de la métropole. Au moyen du *caractère de choc* du montage, le cinéma a fait prendre conscience d'une *nouvelle nature* qui, selon Buck-Morss, englobait « non seulement la technologie industrielle, mais l'univers entier de la matière (y compris les êtres humains) tel que transformé par cette technologie[2] ».

Cette nouvelle nature est un vaste assemblage qui entremêle forces, actions et matériaux et qui inclut tout : réseaux énergétiques et nids d'oiseaux, épidémies de grippe et entrepôts de recyclage, algorithmes financiers et glace fondue de l'Arctique. Comme manifestation du pouvoir qu'ont les humains sur la nature, la ville est toujours comprise comme le site de nos crises, qu'elles soient sociales, écologiques ou existentielles. Si nous la considérons comme notre *niche* en tant qu'espèce technologique, la ville représente également, du moins dans l'imaginaire utopiste, notre seul espoir de fabriquer des avenirs pouvant encore nous contenir. Depuis ce premier accouplement de la ville et de la perception cinématographique, la capacité de l'écran comme médium pour distendre la réalité s'est intensifiée à un point tel qu'il existe peu d'expériences qui n'ont pas, d'une manière ou d'une autre, été déjà rendues à travers le sensorium humain-technologique. Hors des frontières de la salle de cinéma, des artistes comme Hentschläger ont ranimé la ville comme étant *le* cadre de leurs visions hybrides de ce cosmos post-naturel, une vision de la réalité, ne se limitant pas à la finitude humaine, dans laquelle chaque objet abrite en soi le potentiel de participer à un événement apocalyptique en cours. Projeter ORT sur le théâtre Le Volcan, c'est envisager chaque surface architecturale comme un portail qui attend d'être arraché, une terrible mise en abyme dans laquelle nous nous sommes toujours vus en train de tomber. Comme le souligne Donna Haraway, avec l'amélioration de la vision humaine est venu le désir de tout voir à partir de nulle part. Une « gloutonnerie débridée »[3] de l'œil qui présume que tout peut être vu et l'est[4]. Dans sa projection, ORT semble répondre à cette faim, mais il s'agit là d'une ruse : la nouvelle nature ne cherche qu'à fabriquer encore davantage d'elle-même.

L'Anthropocène est un autre nom donné à l'ère de l'*interconnectivité urgente*[5] dans laquelle nous nous trouvons aujourd'hui, terme qui désigne une impasse aussi bien théorique que scientifique pour la civilisation, où l'activité humaine – canalisée par les forces de la technologie et du capitalisme – opère à des échelles écologique, météorologique et géologique. L'Anthropocène cherche à savoir ce qu'il adviendrait de la nouvelle nature en l'absence d'humains, postulant un monde depuis longtemps débarrassé de nos corps, mais un monde quand même marqué par l'influence de la civilisation. Comprimé dans des strates de roches, ou constitué d'un environnement post-naturel dans lequel de nouvelles formes de vie se taillent leurs niches, l'Anthropocène désigne ce que Claire Colebrook appelle « une multiplicité complexe de forces et de chronologies divergentes qui dépassent tout point de vue gérable[6] ». L'Anthropocène, ou *l'âge de l'humain* – est nommé en notre honneur, mais nous ne pouvons pas en être entièrement témoins, ni dans le présent ni après notre extinction. Donc, c'est peut-être l'événement ultime créé par et pour les médias numériques, largement diffusé à un milliard d'écrans scintillants dont chacun contient une vue partielle de sa douloureuse complexité. Et une fois que ces écrans auront scintillé grâce à nos rêves et à nos cauchemars sur cette crise insistante, ils seront jetés, deviendront ordures, poussières et, finalement, feront partie des strates médiatiques géologiques à venir. Les environnements hybrides de la techno-nature formés par la culture humaine sont composés de temps profond, de la matière minérale rocheuse que nous puisons dans le sol et que nous façonnons en toutes sortes de merveilles technologiques. Pourtant, la nouvelle nature avec laquelle interagissent ces technologies a maintenant plusieurs facettes et est tellement omniprésente qu'elle ne peut pas être connue sans une forme quelconque de capture, d'édition, de stratification et de visionnage. Cette double hybridité joue un rôle clé dans la compréhension de l'Anthropocène : il n'y a pas d'échelle à laquelle nous ne sommes pas déjà impliqués dans son rendu.

Kurt Hentschläger, dans ses œuvres panoramiques à haute résolution, invente fréquemment des dispositifs de mise en échelle qui servent à mesurer les composantes de l'œuvre, les unes aux autres. Si ORT est une vision de la nouvelle nature ex post facto, MEASURE de 2014 peut donc être vue comme une tentative de la part d'Hentschläger de traiter les proportions par lesquelles le *naturel* et le *synthétique* se modulent l'un l'autre. Pendant que l'œuvre se déploie, une série d'interventions et de mosaïques géométriques produit des structures dans lesquelles s'encastre la *nature*, sans aucun égard pour la participation de spectateurs humains. Un simple rectangle ascendant donne à une couche de mousse une allure artificielle ; un grouillement de polygones capillaires tombe de la couronne d'un arbre, transmettant un message ineffable à travers les deux divisions d'un triple-écran. MEASURE délimite ces échanges entre ses éléments *synthétiques* et *organiques* grâce à une stratification finement exécutée de sons et de séquences audio. Le public est guidé par un son ascendant ou par un bourdonnement métallique qui s'épaissit pour entendre la nature comme une machine à multiples facettes, ses parties se réalignant comme les éléments d'un casse-tête. Cette insistance du mouvement, d'une transformation progressive, affecte une sorte d'auto-cadrage de l'œuvre. À partir de séquences haute-résolution prises dans le Jura en Suisse, Hentschläger augmente la qualité hyper-réelle de la vidéo 4K par des superpositions formelles, comme des grilles, des carrés et des lignes de démarcation qui imposent des dimensions supplémentaires à la verdure de la montagne. Non seulement *voir* la nature de si près, mais avoir aussi cette expérience cadrée par le montage, la stratification et la recomposition, fait que cette nature en soi se transforme indéfiniment ; un entraînement réflexif d'aperception humaine qui configure le monde comme une construction médiatique. L'œuvre d'Hentschläger marque la mesure d'*elle-même* et, ce faisant, elle accentue le langage par lequel tout média – et peut-être surtout les médias numériques – fait du monde sa propre médiation. Même si nous sommes formés à de nouvelles aperceptions, par des brillantes technologies visuelles et sonores, l'Anthropocène ne peut en fait jamais être attesté de l'*extérieur*. Se sentir soi-même à chacune de ces échelles n'est qu'être témoin de la nature alors qu'elle se projette elle-même.

Cette rencontre se retrouve également dans ORT où les technologies de la fantasmagorie cadrent une rêverie sur l'ampleur de la nouvelle nature. Dans ORT, l'Anthropocène n'est pas présenté par les tropes qu'on attendrait d'Hollywood, voire des actualités du soir. Il n'y a pas de champs de pétrole en feu ou d'ours polaires en dérive sur la glace. Soulignée par les limites de la perspective et les exosquelettes enchanteurs de la ville, ORT ré-imagine les périphéries de la nature alors qu'elle se pixélise dans un au-delà numérique. On nous offre des visions d'une brume de chaleur au-dessus du désert de l'Utah, d'émissions volcaniques synthétisées basculant derrière des images de synthèse d'effigies disloquées, dont les yeux sont remplis d'univers numériques distants qui supplient le spectateur de les habiter. Lorsqu'on entre dans ces vides ou qu'on revient à ce paysage qui se désagrège lentement, on peut se trouver dans d'autres œuvres d'Hentschläger.

Dans SECTOR 2c (2012), les éléments formels de la grille se réalignent au-dessus d'un tumulte de vagues océaniques, disparaissant aux bords de leurs propres chambres polygonales. Dans VIEW (2010–2011), le grand panorama d'un pré fait une embardée sur lui-même, dans un brouillard de (dis)continuité visuelle et sonore – les deux œuvres reconfigurent la nature comme une condition de l'abstraction médiatique utilisant des tropes *naturels*, par exemple de l'eau qui déferle ou du feuillage balayé par le vent, pour délivrer les seuils de bourgeonnants mondes charnels, *synthétiques*. Comme le déclare Steven Shaviro, lorsque confrontés aux expériences technologiques qui « nous forcent à redéfinir » les notions même élémentaires de ce que c'est que d'être des êtres humains mortels, incarnés, « l'esthétique précède la cognition [...] parce que nous avons affaire à des pratiques qui ne peuvent être comprises qu'à travers de nouvelles catégories créées par elles-mêmes »[7]. De la racine grecque *aisthanesthai* – percevoir –, les conditions esthétiques d'œuvres comme MEASURE et ORT participent à la construction d'un monde *après* nature. Dans l'œuvre de Hentschläger, nous voyons les catégories du naturel et du synthétique s'opposer l'une à l'autre, dans la construction d'une esthétique numérique hybride ; une *volonté* de médiation qui cherche à établir les limites de sa propre fantasmagorie, de manière à traiter le monde à l'image d'elle-même sans nous.

Pour certains, la nature est une tyrannie que la technologie nous permet de surmonter, pour prolonger nos sens, voire l'étendue de notre vie pendant que notre corps est engagé dans un combat à mort avec lui-même. Avec l'augmentation de la ville, à travers les environnements virtuels projetés d'Hentschläger, la tyrannie de la nature semble s'effacer un peu, ouvrant un moyen par lequel nous pourrions nous évader dans la chaleur artificielle de ses visions numériques. Quand nous pensons à un moyen d'évasion, nous devons postuler un intérieur et un extérieur, une singularité et son autre. Dans la nouvelle nature, ces deux se dissolvent et s'effacent, tout comme les composantes du couple synthétique/organique dans l'œuvre d'Hentschläger se reconstruisent mutuellement. La ville n'est pas un moyen d'échapper à la nature, et la nature n'est pas un endroit où nous pouvons nous retirer. Être enveloppé dans une grande projection vidéo dans la ville, sur les murs d'une galerie d'art, ou dans le huis-clos personnel d'un casque de réalité virtuelle, n'est pas une évasion vers le solipsisme. Parce que même les trajectoires *intérieures* présentées par la médiation ne peuvent être conçues qu'en lien avec un monde *extérieur*, une nouvelle nature représentant elle-même à elle-même. Le transhumaniste avoué Marvin Minsky a avancé, dans les années 1990, qu'en surmontant les limites de la biologie, les humains pouvaient échapper à la mort et devenir immortels[8]. Implicite dans les déclarations de

Minsky se trouvait une croyance dans les munificents substrats de l'ordinateur – puisque c'est là, encodé dans des 0 et des 1, que Minsky a postulé que l'humain pouvait survivre à l'éternité en tant qu'immortel numérique. Cette anecdote mérite d'être répétée dans le contexte de l'Anthropocène, puisque très peu de gens aujourd'hui formuleraient une image du numérique si dissociée de ses corollaires matériels. Chaque paysage rendu, chaque domaine virtuel, chaque fantasme généré par ordinateur, doit être informatisé et traité : les mondes numériques sont consommateurs d'énergie et soulèvent inévitablement la température de leur contrepartie *réelle*. Si le numérique a déjà été un domaine supranaturel où nous pourrions nous retirer après la mort, il est aujourd'hui un autre troublant rappel de l'interconnectivité des choses sur le plan matériel.

Il est donc tentant de voir dans les têtes agitées d'ORT des monuments à une quelconque outrecuidance anthropocentrique ; les restes numériques d'une ère humaine depuis longtemps perdue, laissés là pour régner sur les paysages arides de la Terre sans corps qui s'en vient. Leurs contreparties directes pourraient être les têtes de *moaï* de l'île de Pâques (que ses résidents appellent Rapa Nui), sculptées dans le roc de la montagne et transportées sur des troncs d'arbres abattus uniquement à cette fin. Si l'on en croit la légende, pendant que les gens de Rapa Nui épuisaient leurs forêts, les tribus de l'île se faisaient concurrence pour construire des moaï de plus en plus grands et impressionnants, inconscientes de la calamité qui les attendait une fois que le dernier arbre aurait été coupé. Configurées pour glisser à la surface du théâtre Le Volcan, les têtes grises d'ORT pourraient bien être en train d'observer une ville abandonnée, depuis longtemps vidée de la foule de sa civilisation. Un monde futur dévasté sur le plan environnemental, peuplé de monumentales banques de serveurs, leurs extérieurs tapissés de mauvaises herbes. Pourtant, dans cette métropole de serveurs, des êtres numériques inventent peut-être des arrangements encore plus complexes de 0 et de 1 dans des villes de voxels et des paysages oniriques en polygones – chaque calcul élevant la température planétaire moyenne d'un milliardième de degré, rendant ainsi la planète plus accueillante pour les mauvaises herbes que pour les sacs protoplasmiques, marchant et parlant, qui ont déjà régné à sa surface. Encore une fois, la ville offre l'échelle avec laquelle l'Anthropocène est mesuré. Parce qu'à des niveaux à la fois infinitésimal et surdimensionné, c'est à la surface soumise aux technologies de la nouvelle nature que devra se déployer notre inévitable extinction.

1 Susan Buck-Morss, « The City as Dreamworld and Catastrophe », *October*, vol. 73 (1995), p. 6, doi:10.2307/779006. [Notre traduction.]

2 Susan Buck-Morss, *The Dialectics of Seeing: Walter Benjamin and the Arcades Project*, MIT Press, 1991, p. 70. [Notre traduction.]

3 Donna Haraway, « Situated Knowledges: The Science Question in Feminism and the Privilege of Partial Perspective », *Feminist Studies*, vol. 14, n° 3 (automne 1988), p. 582. [Notre traduction.]

4 Irmgard Emmelhainz, « Conditions of Visuality Under the Anthropocene and Images of the Anthropocene to Come », *e-flux*, n° 63 (mars 2015), http://www.e-flux.com/journal/63/60882/conditions-of-visuality-under-the-anthropocene-and-images-of-the-anthropocene-to-come/.

5 Claire Colebrook, *Death of the PostHuman: Essays on Extinction*, vol. 1, Open Humanities Press, 2014. p. 11.

6 *Ibid.* [Notre traduction.]

7 Steven Shaviro, *Without Criteria: Kant, Whitehead, Deleuze, and Aesthetics*, MIT Press, 2012, p. 15. [Notre traduction.]

8 Marvin Minsky, « Will Robots Inherit the Earth? », *Scientific American*, n° 1 (octobre 1994), http://web.media.mit.edu/~minsky/papers/sciam.inherit.html.

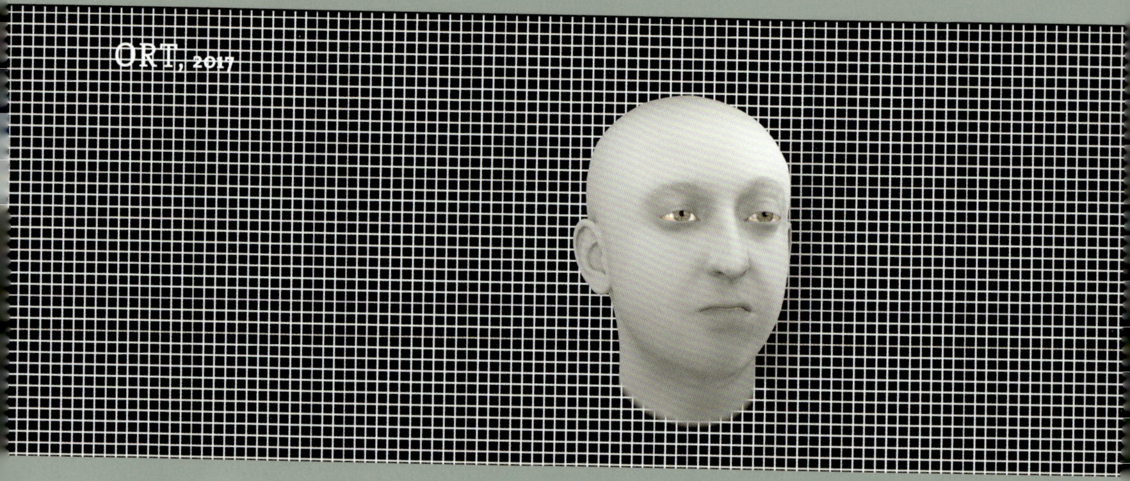

ORT, 2017

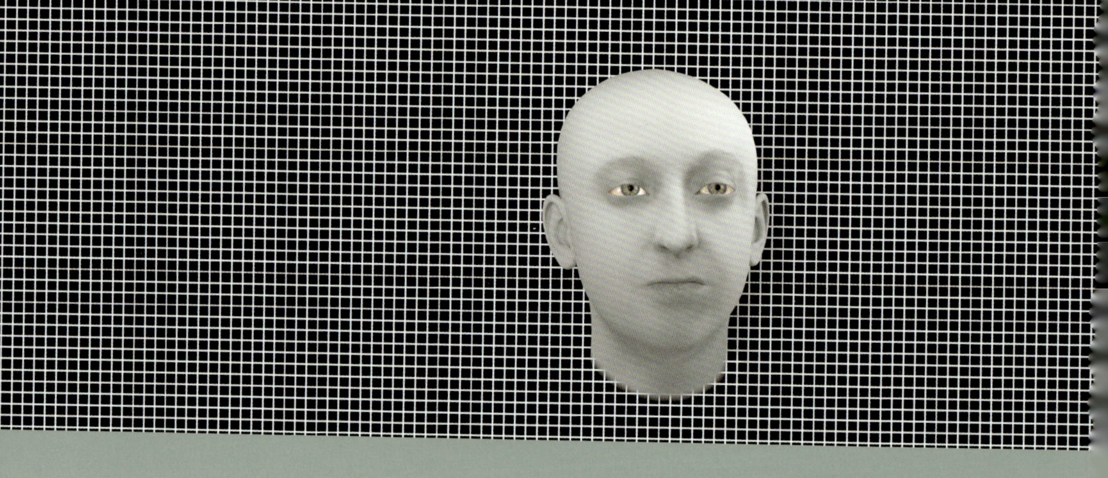

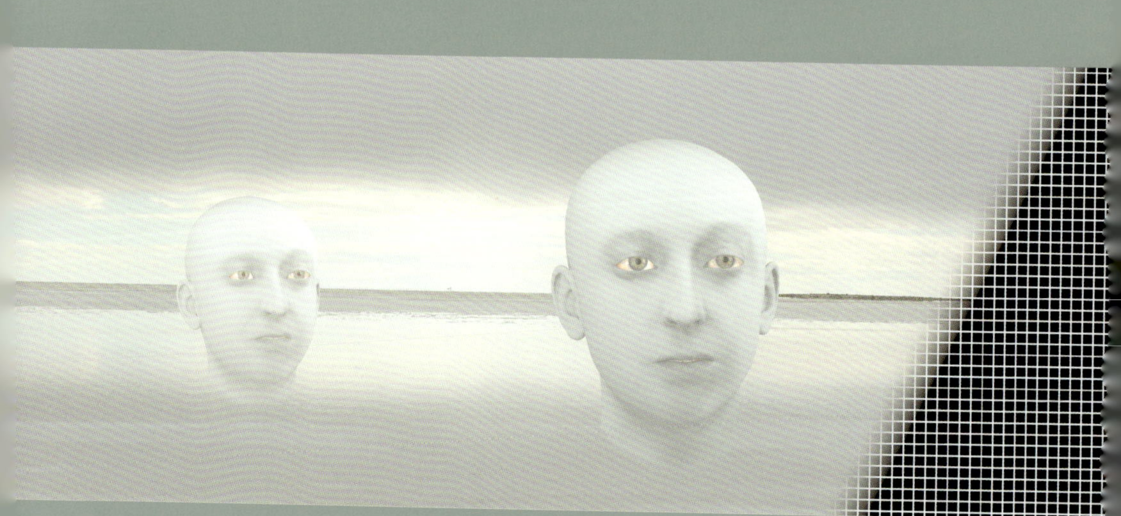

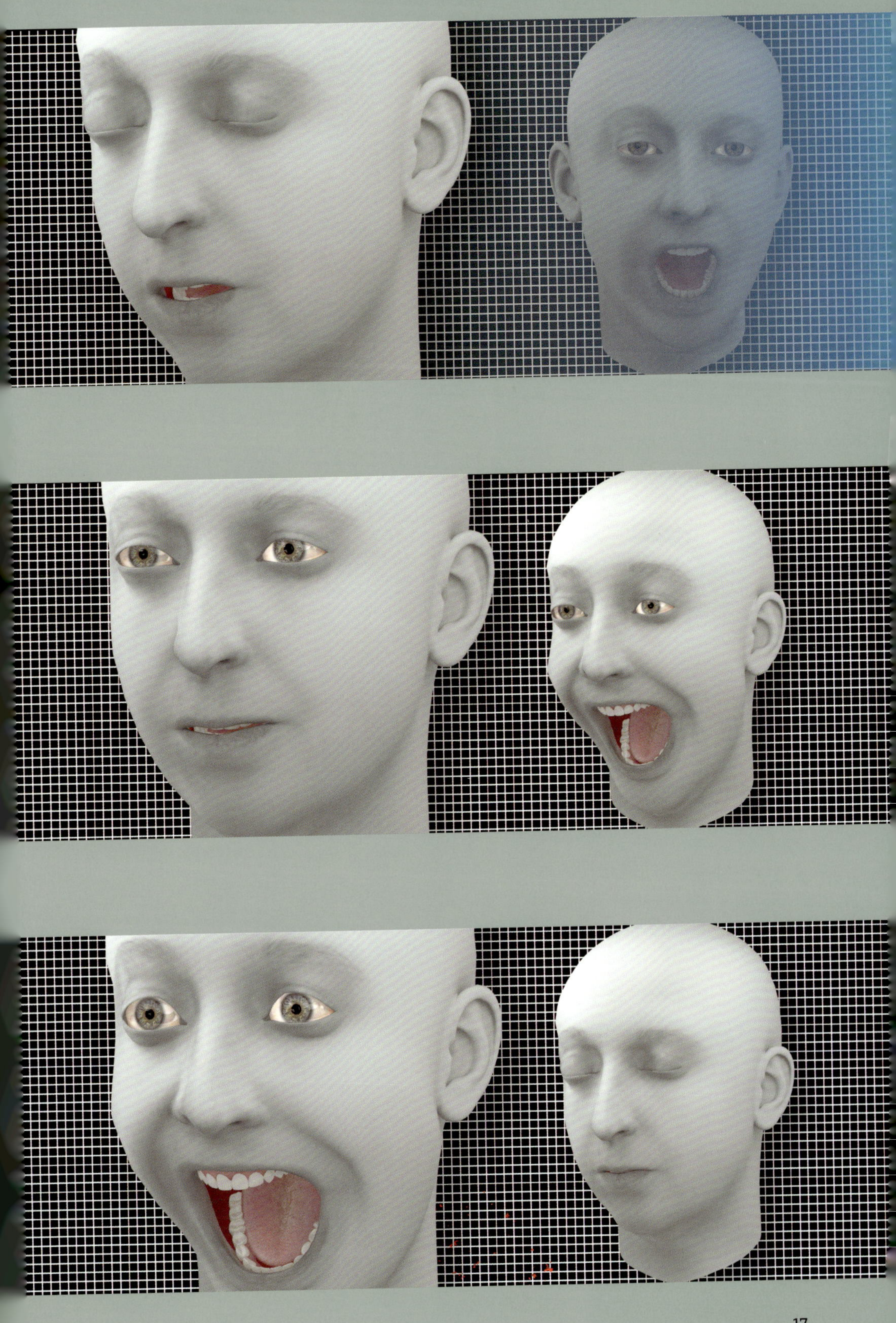

MODELL5, 1994

Performance et installation à 4 canaux vidéo et audio surround
de Granular-Synthesis / Kurt Hentschläger et Ulf Langheinrich

4 Channel Video and Surround Audio Performance and Installation
by Granular-Synthesis / Kurt Hentschläger and Ulf Langheinrich

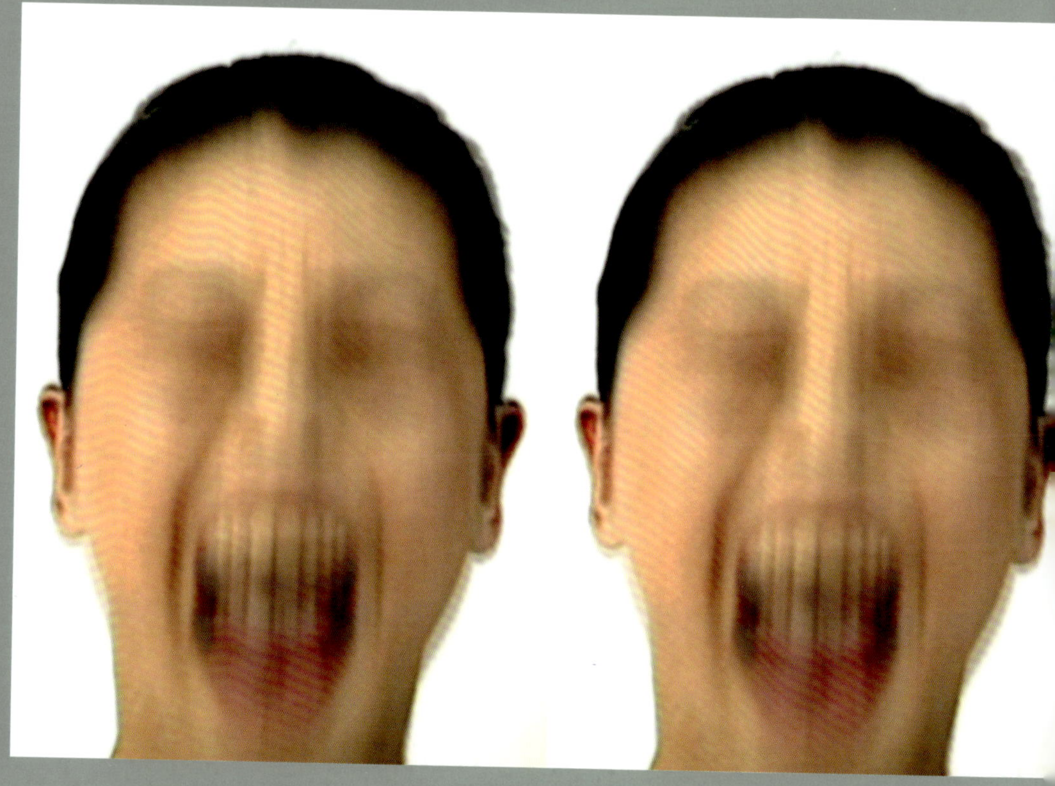

À partir de l'enregistrement vidéo de la chanteuse et performeuse Akemi Takeya, des photogrammes vidéo simples, chacun contenant des renseignements visuels et sonores, sont extraits au montage et recombinés dans un nouveau continuum dramatique. Le résultat est un cyborg surnaturel, un chœur femme-machine, vrai mais absolument construit. Le matériau audio-vidéo n'est assujetti qu'à des manipulations basées sur le temps.

From a video recording of singer and performer Akemi Takeya, single video frames, each containing visual and sonic information, are extracted in editing and recombined into a dramatic new continuum. The result is a supernatural cyborg, a woman-machine choir, real yet utterly constructed. The audio-video material is subject only to time-based manipulations.

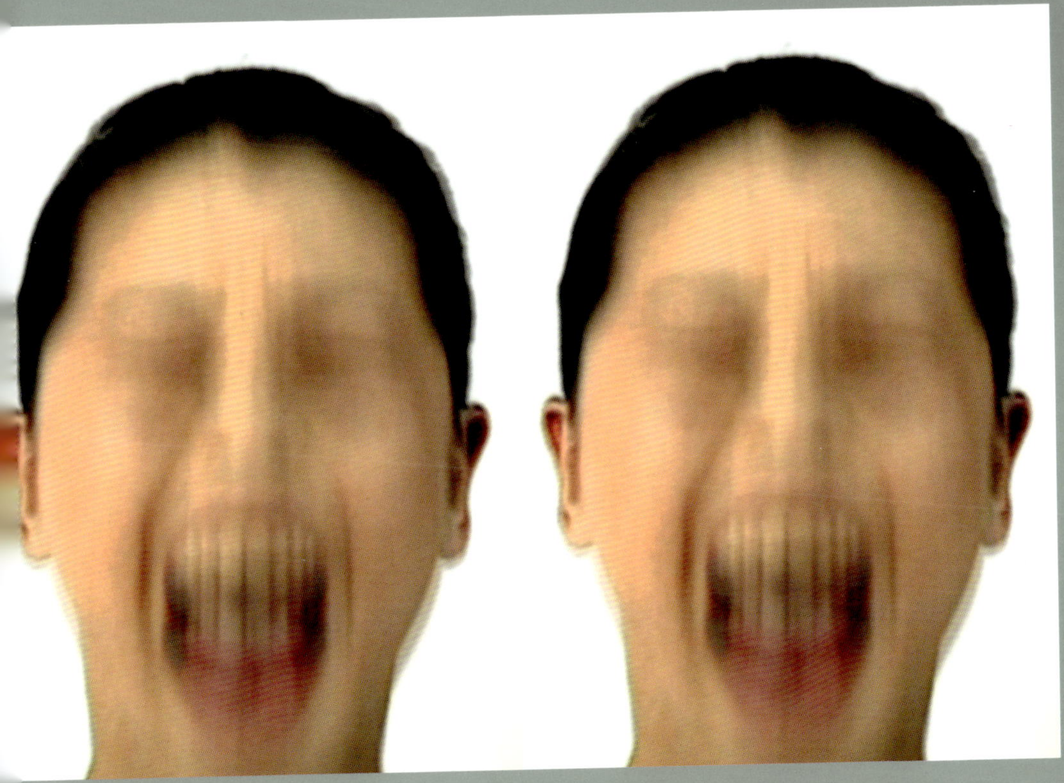

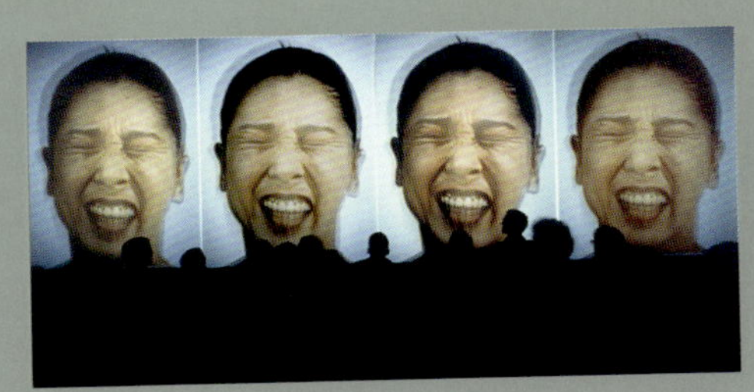

The city is in some sense our niche;
we belong there, and no one
can achieve full humanity without it.
Holmes Rolston

Nature is, strictly, a commonplace.
Donna Haraway

The Mediated Landscapes of Kurt Hentschläger

Daniel Rourke

In Kurt Hentschläger's new work ORT, the spectre of some catastrophe looms over the audience, ever present, but increasingly elusive – an imposing sense of calamity foreshadowed by an army of disembodied heads, their jaws chattering as a deep drone rumbles through bodies we are encumbered by and cannot get rid of. The work images an epoch without bodies, in which the anguish of endurance is reduced to the gestures of the face. On the 360° façade of the shell-like Le Volcan theatre, located in the city of Le Havre, Hentschläger's projection of ORT invokes multiple horizons that appear to fold the building back into itself. The theatre becomes its own self-serving eye, an architectural leviathan staring along extensions, which, were they in reality to exist, would rupture the space-time parameters of the city, dragging all bodies, matter, and perhaps the entire planet itself, inwards to infinity. When turning to the Hollywood imaginarium of recent decades one might understand all catastrophes as phenomena of the city. Aliens, asteroids, tsunamis, and sky-scraping dinosaurs, all compete to shatter buildings into computer generated images of rubble, as the heightened sensory experience of the cinema attunes the body to shocks of apocalyptic proportion. In this way the city has always been a technology for screening the end of civilization; awakened in ORT as media surface, canvas, perceptual threshold, and illusory means of escape.

Writing on the "phantasmagoria" of the city in the early 20th century, Susan Buck-Morss described the industrial metropolis as "a landscape of techno-aesthetics, a dazzling, crowd-pleasing dreamworld that provided total environments to envelop the crowd." [1] Veined with electricity and shimmering with new materials that allowed its buildings to ascend to super-natural heights, the industrial city was a playground for the senses, intoxicating a new breed of citizen eager for its stimulus. At about the same time, with the invention of cinema, observation became dislodged from the spatial location of the solitary observer. Cinematic projection plunged viewers into impervious depths, which had previously only been suggested by the luminous, dizzying perspectives of the city. On the cinematic screen the bustling city activity of an entire day, in all its intricacies and tumult, could be compressed into a few minutes of montage. In darkened theatres isolated from the hum of the surrounding urban sprawl, cinema screens offered audiences confined to their finite bodies, an apparently shared experience of illuminated consciousness that far exceeded the euphoria of the metropolis. Via the *shock-character* of montage, cinema nourished an awareness of a *new nature* that according to Buck-Morss, encompassed "not just industrial technology, but the entire world of matter (including human beings) as it has been transformed by that technology." [2]

This new nature is a vast assemblage of interweaving forces, actions and materials, including everything from energy grids and bird's nests, to flu epidemics and recycling repositories, stock market algorithms and Arctic meltwater. As a manifestation of the sheer power human beings have over nature, the city is still understood as the locus of our crises, whether social, ecological, or existential. If we consider it our *niche* as a technological species, the city also represents, at least in the utopian imagination, our only hope of manufacturing futures that may still continue to contain us. Since this early mating of city and cinematic perception, the capacity that screen media has to distend reality has intensified to such a degree that rare is there an experience that has not, in one way or another, already been rendered through the human-technological sensorium. Once out of the confines of the theatre, artists such as Kurt Hentschläger have revived the city as *the* frame for their hybrid visions of this post-natural cosmos; a vision of reality not limited by human finitude, in which every object harbors within itself the potential to become part of an ongoing apocalyptic event. To project ORT onto the exterior of Le Volcan theatre, is to envisage every architectural surface as a portal waiting to be torn open, a horrific *mise en abyme* in which we have forever found ourselves falling. As Donna Haraway insists, with the enhancement of human vision came the desire to see everything from nowhere. An "unregulated gluttony" [3] of the eye that assumes anything can and is seen.[4] In its screening, ORT seems to satisfy this hunger, but it is a ruse: the new nature seeks only to fabricate more of itself.

The *Anthropocene* is another name given to the era of "urgent interconnectedness" [5] in which we find ourselves now; a term designating a theoretical as well as scientific impasse for civilization, where human activity – channelled through the forces of technology and capitalism – operates at ecological, meteorological, and geological scales. The Anthropocene asks what would become of the new nature in the absence of humans, positing a world long since wiped clean of our bodies, but a world still marked by the effluence of civilization. Compressed into rock strata, or constituted of the post-natural environment within which new forms of life will carve out their niches, the Anthropocene registers what Claire Colebrook terms "a complex multiplicity of diverging forces and timelines that exceed any manageable point of view." [6] The Anthropocene – or *age of the human* – is named in our honor, but cannot be entirely witnessed by us, neither in the present nor following our extinction. So it is perhaps the ultimate event of and for digital media, broadly disseminated to a billion flickering screens that each sustains a partial glimpse of its aching complexity. And once those screens have flickered with our dreams and nightmares of this insistent crisis, they will be discarded; become trash, dust, and eventually part of the geological media strata to come. The hybrid environments of techno-nature formed by human culture are made up of deep time; of the rocky mineral stuff we hive from the ground, and fashion into all manner of technological marvels. Yet the new nature that those technologies interface with is now so multifaceted and ubiquitous that it cannot be cognized without some form of capture, editing, layering and screening. This twin hybridity is key to understanding the Anthropocene: there is no scale at which we are not already implicated in its rendering.

Kurt Hentschläger, in his high-resolution panoramic works, frequently devises scaling devices that act to measure components of the work against one another. If ORT is a vision of the new nature ex post facto, then MEASURE from 2014 may be seen as Hentschläger's attempt to process the ratios by which the *natural* and *synthetic* mediate one another. As the work unfolds, a series of geometric interventions and tessellations provide structures against which *nature* is framed, without concern for the participation of human spectators. A simple ascending rectangle makes a bed of moss seem alien; a commotion of slender-edged polygons tumbles from the canopy of a tree, communicating some ineffable message across a split-screen divide. MEASURE delineates these exchanges between its *synthetic* and *organic* elements through a finely crafted layering of audio tones and concatenations. The audience is programmed by a rising tone or a deepening metallic drone to conceive of nature as some multifaceted machine, its parts realigning like the components of a puzzle box. This insistence of movement, of gradual transformation, affects a kind of self-framing of the work. Processed from high resolution footage gathered in the Jura Mountains of Switzerland, Hentschläger heightens the hyperreal quality of 4K video with formal impositions such as grids, squares and dividing lines that impose additional dimensions onto the mountain's verdure. To not only *see* nature at such close proximity, but also have that experience framed by editing, layering, and re-composition, is to have nature itself transformed indefinitely; a reflexive training of human apperception that configures the world as media construction. Hentschläger's work marks the measure of *itself*, and in so doing enhances the language through which media – and perhaps especially, digital media – makes of the world its own mediation. Even as we are trained in new apperceptions, by vibrant technologies of sight and sound, the Anthropocene can never in fact be witnessed from *outside*. To sense oneself sensing at each of these scales is only to bear witness to the new nature as it screens itself.

This encounter is also exemplified in ORT, in which technologies of phantasmagoria frame a reverie on the extent of the new nature. In ORT the Anthropocene is not presented via the tropes we might expect of Hollywood, or even the evening news. There are no burning oil fields, or polar bears caught on the ice. Outlined by the perspectival limits and enchanting exoskeletons of the city, ORT re-envisions the peripheries of nature as it pixelates into a digital beyond. We are given visions of a heat haze over the Utah desert, of synthesized volcanic emissions tumbling behind dislocated computer generated images of effigies, whose eyes are dense with distant digital universes that beg the viewer to inhabit them. Were we to enter these voids, or retreat to the echelons of this slowly disintegrating landscape, we might find ourselves in other Hentschläger works.

In SECTOR 2c (2012), the formal elements of the grid realign over a tumult of ocean waves, disappearing at the edges of their own polygonal chambers. In VIEW (2010/2011) the vast panorama of a meadow sheers against itself, in a blur of visual and aural (dis)continuity – both works reconfigure nature as a condition of media abstraction utilising *natural* tropes such as crashing water or wind swept foliage, to render the thresholds of burgeoning *synthetic*, carnal worlds. As Steven Shaviro states, when confronted by technological experiences that "force us to redefine" the most basic notions of what it is to be embodied, mortal human beings, "aesthetics precedes cognition ... because we are dealing with practices that can only be comprehended through the new categories that they themselves create." [7] From the Greek root *aisthanesthai* – to perceive – the aesthetic conditions of work such as MEASURE and ORT take part in the construction of a world *after* nature. In Kurt Hentschläger's work we see categories of the natural and the synthetic duel with one another, in the construction of a hybrid digital aesthetics; a *will* of mediation that strives to ascertain the limits of its own phantasmagoria, in order to treat the world to the image of itself without us.

To some, nature is a tyranny that technology allows us to overcome; to extend our senses, or even the expanse of our life, as our body battles with itself until death. With the augmentation of the city, through the projected virtual environments of Hentschläger, nature's tyranny seems to subside a little, opening a means by which we might escape into the artificial warmth of its digital visions. When considering a means of escape one must posit an inside and an outside; a singularity and its other. In new nature these binaries dissolve and fade, just as the dual synthetic/organic components in the work of Hentschläger mutually reconstruct one another. The city is not a means of escaping nature, nor is nature a place we can retreat to. To be enveloped by a vast video projection in the city, on the walls of an art gallery, or in the enclosed personal theatre of a virtual reality headset, is not an escape into solipsism. For even the *inner* trajectories which mediation presents can only be conceived in relation to an *outer* world; a new nature representing itself to itself. Outspoken transhumanist Marvin Minsky argued in the 1990s that by overcoming the limitations of biology, humans would escape death and become immortal. [8] Implicit in Minsky's proclamations was a belief in the munificent substrata of the computer – for it was here, encoded as zeroes and ones, that Minsky argued the human could live out eternity as a digital immortal. This anecdote bears repeating in the context of the Anthropocene, since very few people today would draw up an image of the digital so disassociated from its material corollaries. Every rendered landscape, every virtual domain, every computer generated fantasy, must be computed and processed: digital worlds are energy intensive and inevitably raise the temperature of their *real* counterpart. If the digital was once a super-natural domain for us to retreat to after death, it is now yet another disturbing reminder of the interconnectedness of things at the material level.

It is therefore tempting to read the gesturing heads of ORT as monuments to some anthropocentric hubris; digital remnants of some long lost human age, left to rule over the barren landscapes of the bodiless Earth to come. Their direct counterparts might be the *moai* stone heads of Easter Island (known as Rapa Nui to its people), carved from mountain rock and transported on trunks of trees chopped down solely for this purpose. If we are to accept the legend, as the Rapa Nui people depleted their forests, the island tribes competed to build ever grander and more impressive moai, oblivious to the calamity that was to befall them as the last tree was felled. Configured to glide across Le Volcan theatre, the gray heads of ORT might well be looking out over an abandoned city, long since void of the throng of civilisation. A future world devastated at the environmental level, populated with monumental server banks, their exteriors blanketed with weeds. Yet inside this server metropolis, digital people may devise ever more complex arrangements of zeroes and ones into voxel cities and polygon dreamscapes – each computation raising the mean planetary temperature a billionth of a degree higher, making it more hospitable to the weeds, and less to the walking talking sacks of protoplasm which once reigned over its surface. Once again the city provides the scale by which the Anthropocene is measured. For at levels both infinitesimal and overwrought, it is on the technologized surface of the new nature that our inevitable extinction must unfold.

1 Susan Buck-Morss, *The City as Dreamworld and Catastrophe*, October 73 (1995), 6, doi:10.2307/779006.

2 Susan Buck-Morss, *The Dialectics of Seeing: Walter Benjamin and the Arcades Project* (MIT Press, 1991), 70.

3 Donna Haraway, *Situated Knowledges: The Science Question in Feminism and the Privilege of Partial Perspective*, Feminist Studies, Vol. 14 (1988), 582.

4 Irmgard Emmelhainz, *Conditions of Visuality Under the Anthropocene and Images of the Anthropocene to Come*, e-flux, no. 63 (March 2015), http://www.e-flux.com/journal/63/60882/conditions-of-visuality-under-the-anthropocene-and-images-of-the-anthropocene-to-come/.

5 Claire Colebrook, *Death of the PostHuman: Essays on Extinction*, Vol. 1 (Open Humanities Press, 2014), 11.

6 Ibid.

7 Steven Shaviro, *Without Criteria: Kant, Whitehead, Deleuze, and Aesthetics* (MIT Press, 2012), 15.

8 Marvin Minsky, *Will Robots Inherit the Earth?*, Scientific American, (October 1, 1994), http://web.media.mit.edu/~minsky/papers/sciam.inherit.html.

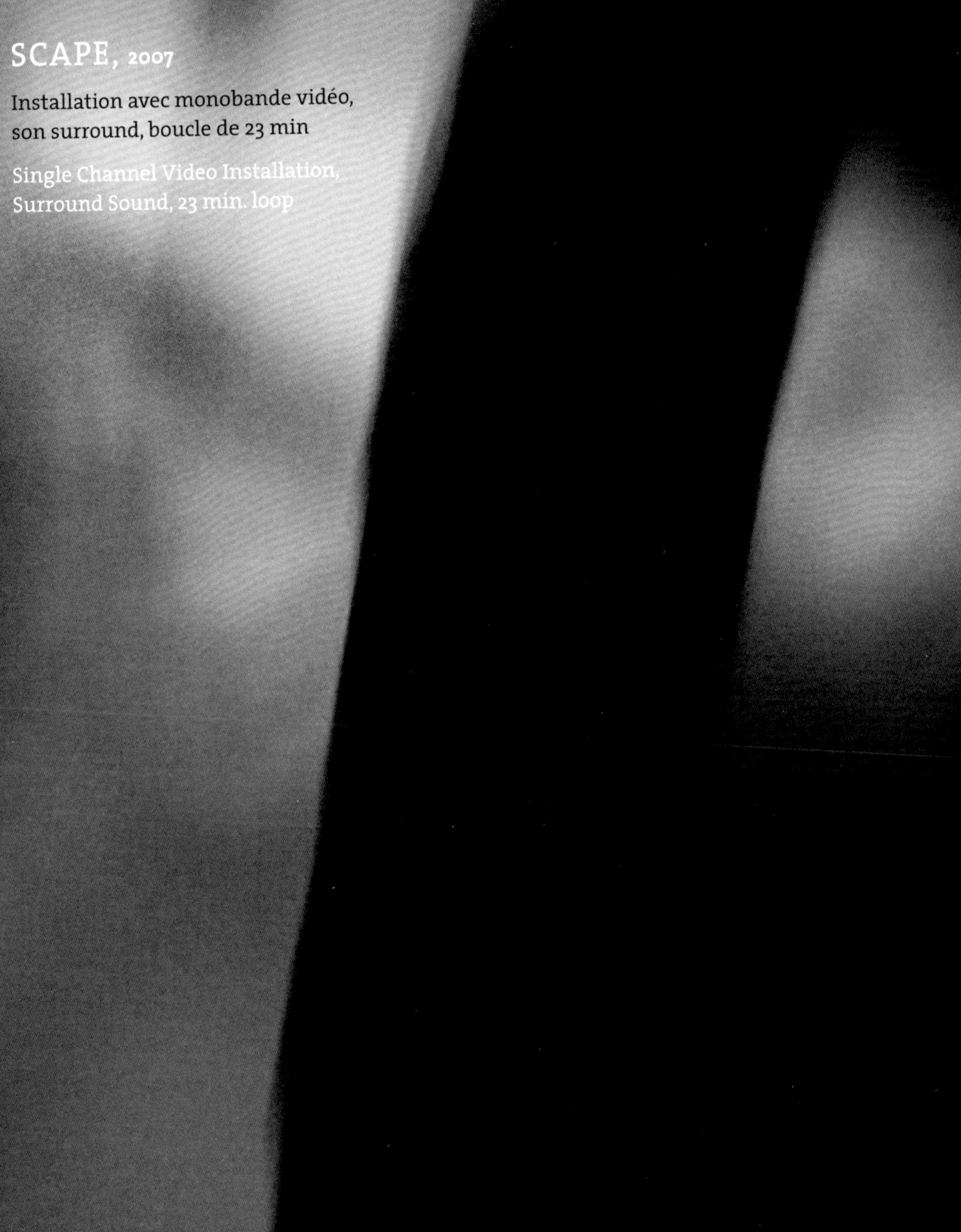

SCAPE, 2007

Installation avec monobande vidéo, son surround, boucle de 23 min

Single Channel Video Installation, Surround Sound, 23 min. loop

SCAPE est un paysage audiovisuel expressionniste quoique contemplatif. Dans cette œuvre, le temps défile à un tempo glacial et envoûtant, qui est dramatique mais ne va nulle part. Le ralentissement procédural du temps réel repose sur l'interpolation des données de chacun des moments (par photogramme vidéo), en ajoutant du faux temps entre eux. Le son de SCAPE ressurgit de l'extérieur du cadre de vision, de façon singulière.

SCAPE is an expressionistic yet contemplative audio-visual landscape. In this work, time moves at a mesmerizingly glacial tempo, dramatic yet going nowhere. The procedural slowing down of real-time relies on interpolating data from original (video frame) moment to moment, adding fake time in between. The sound of SCAPE re-emerges from outside of the frame of view, and preternaturally so.

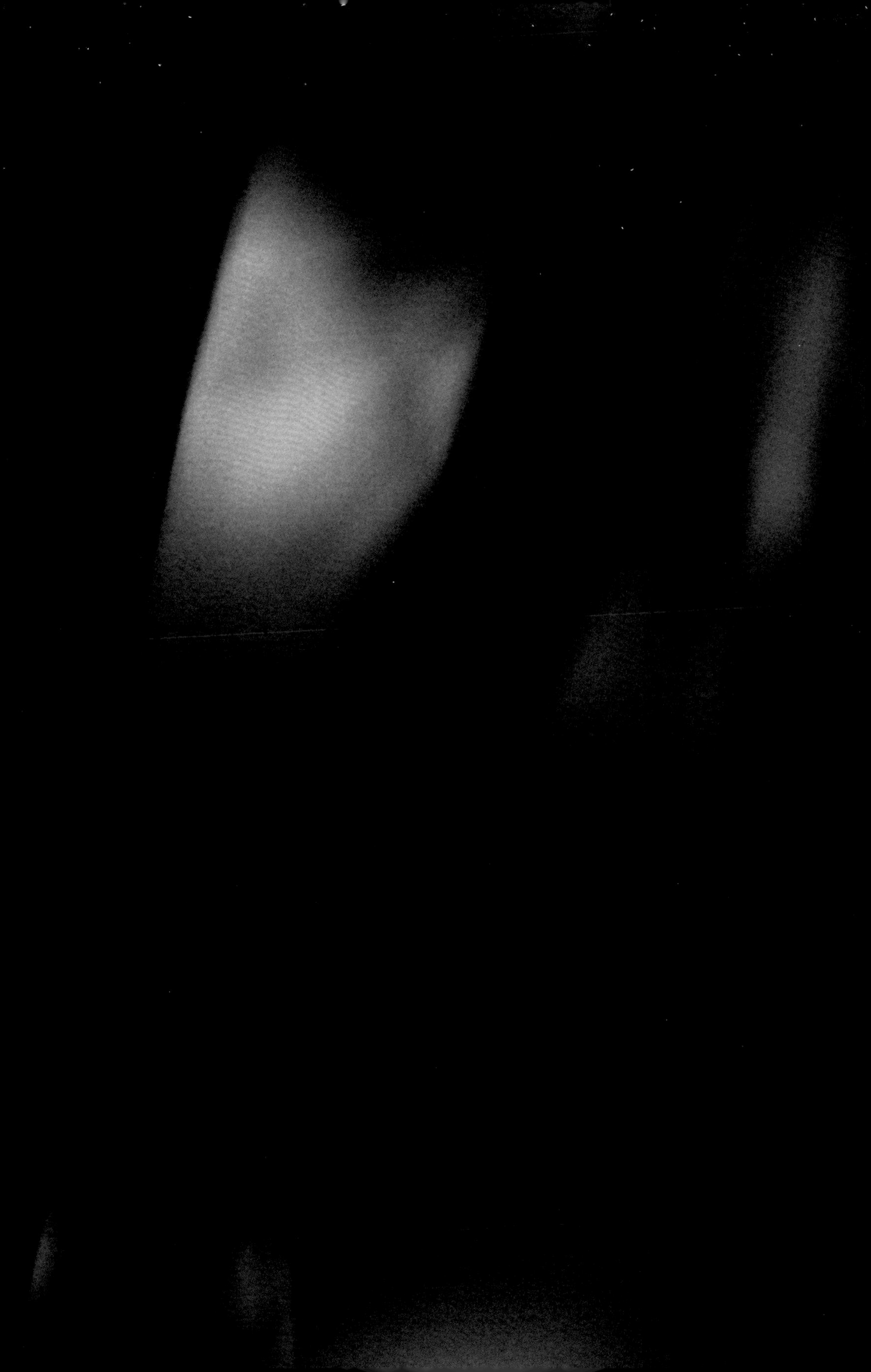

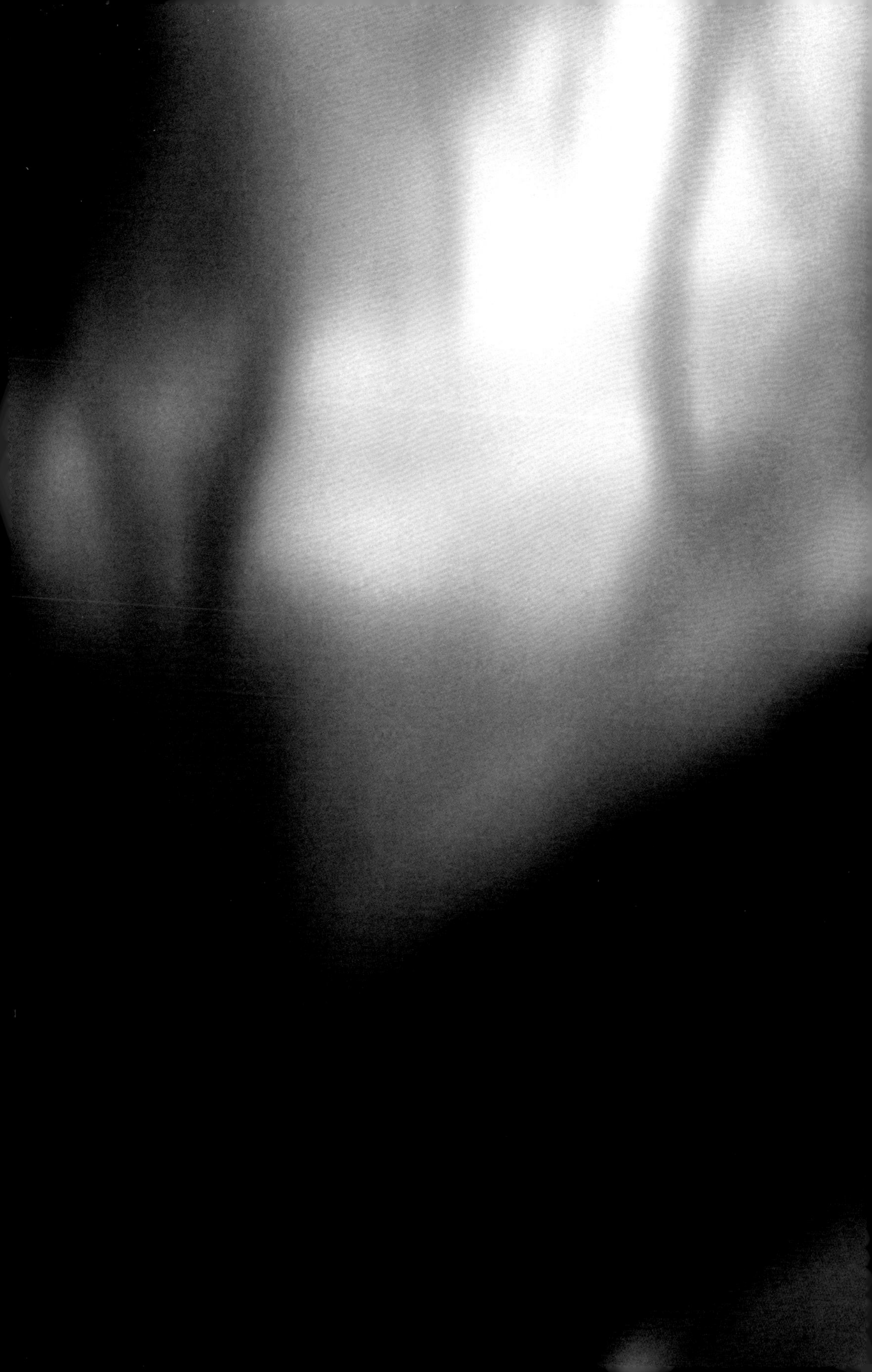

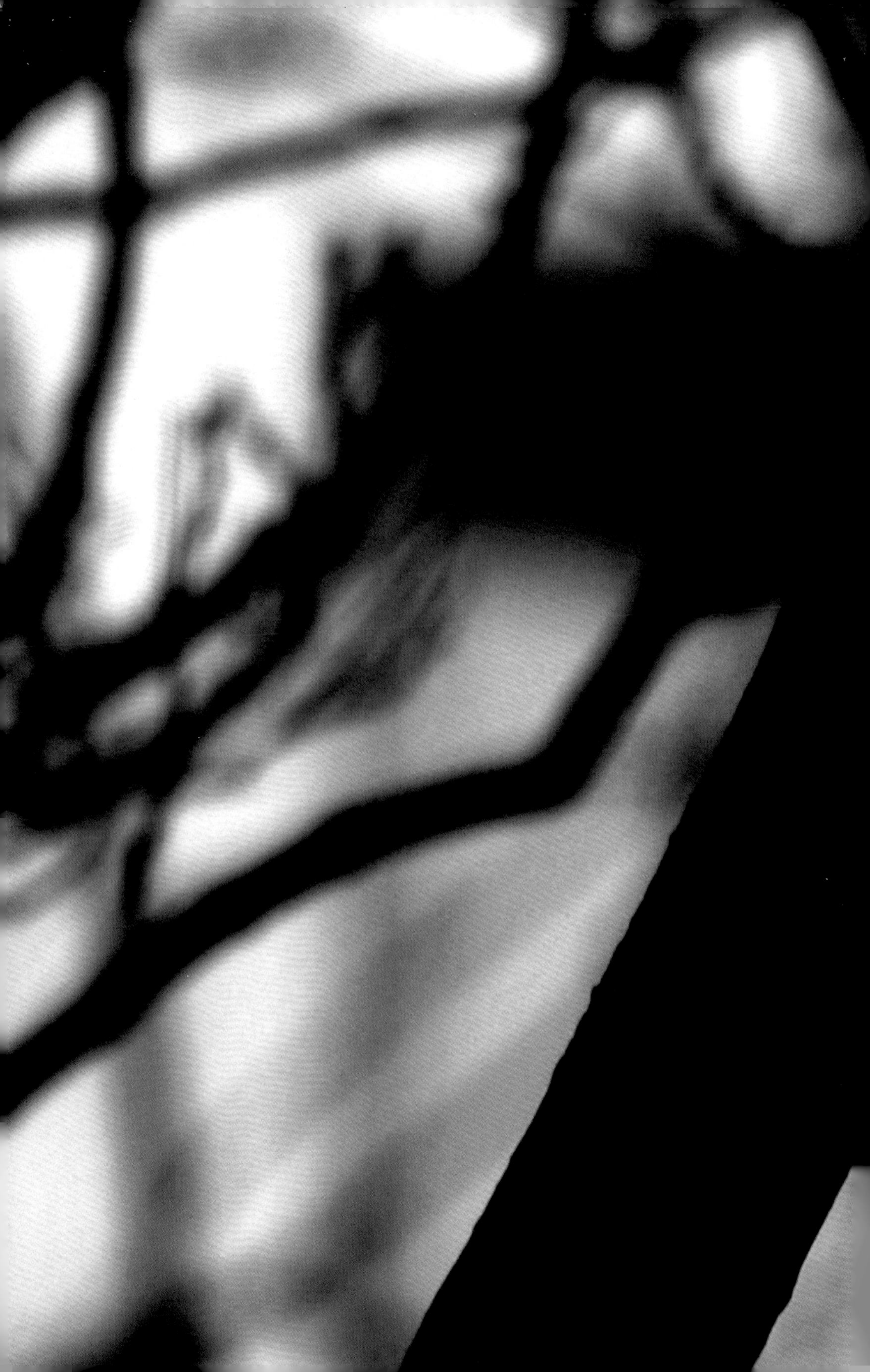

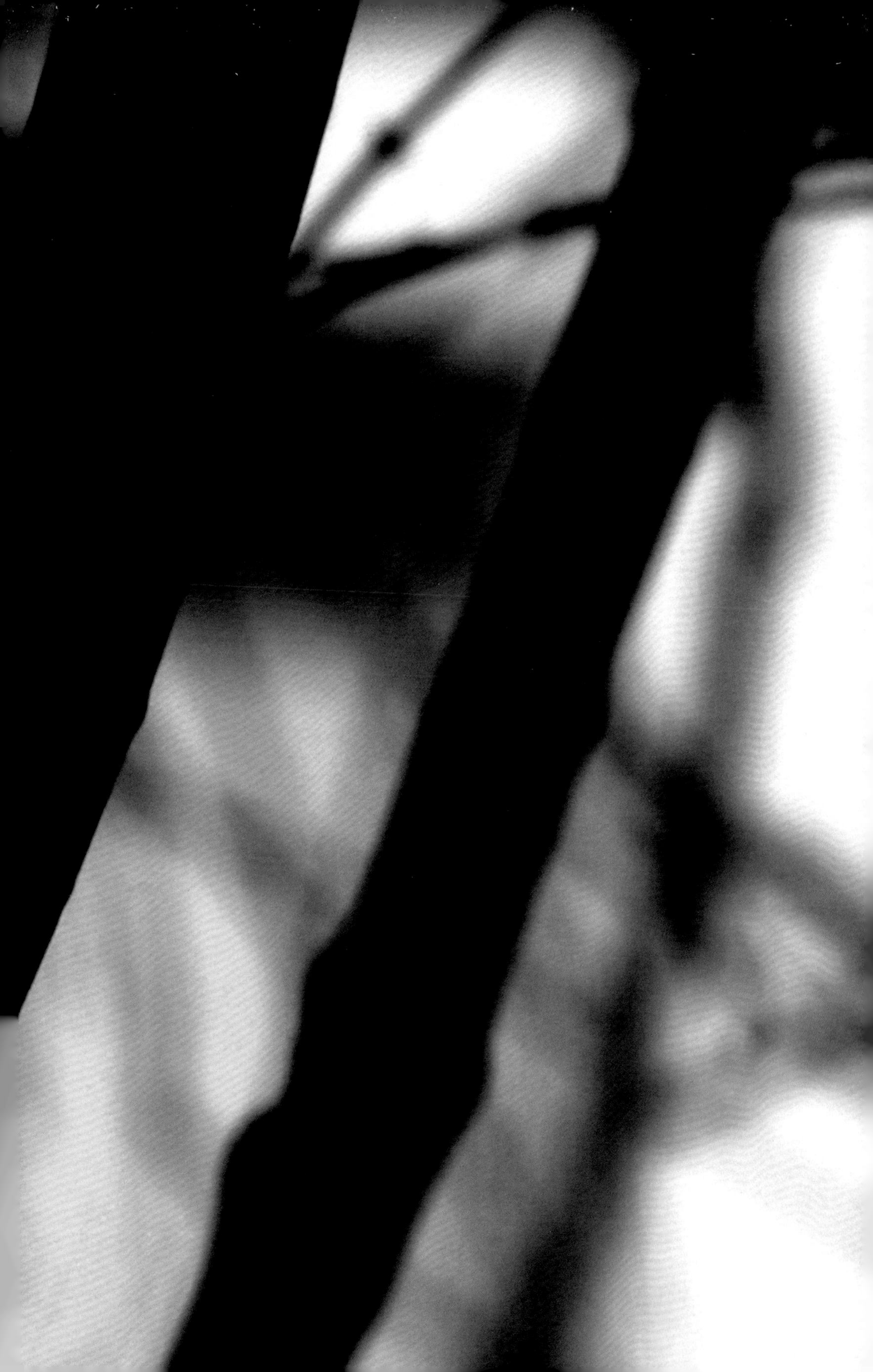

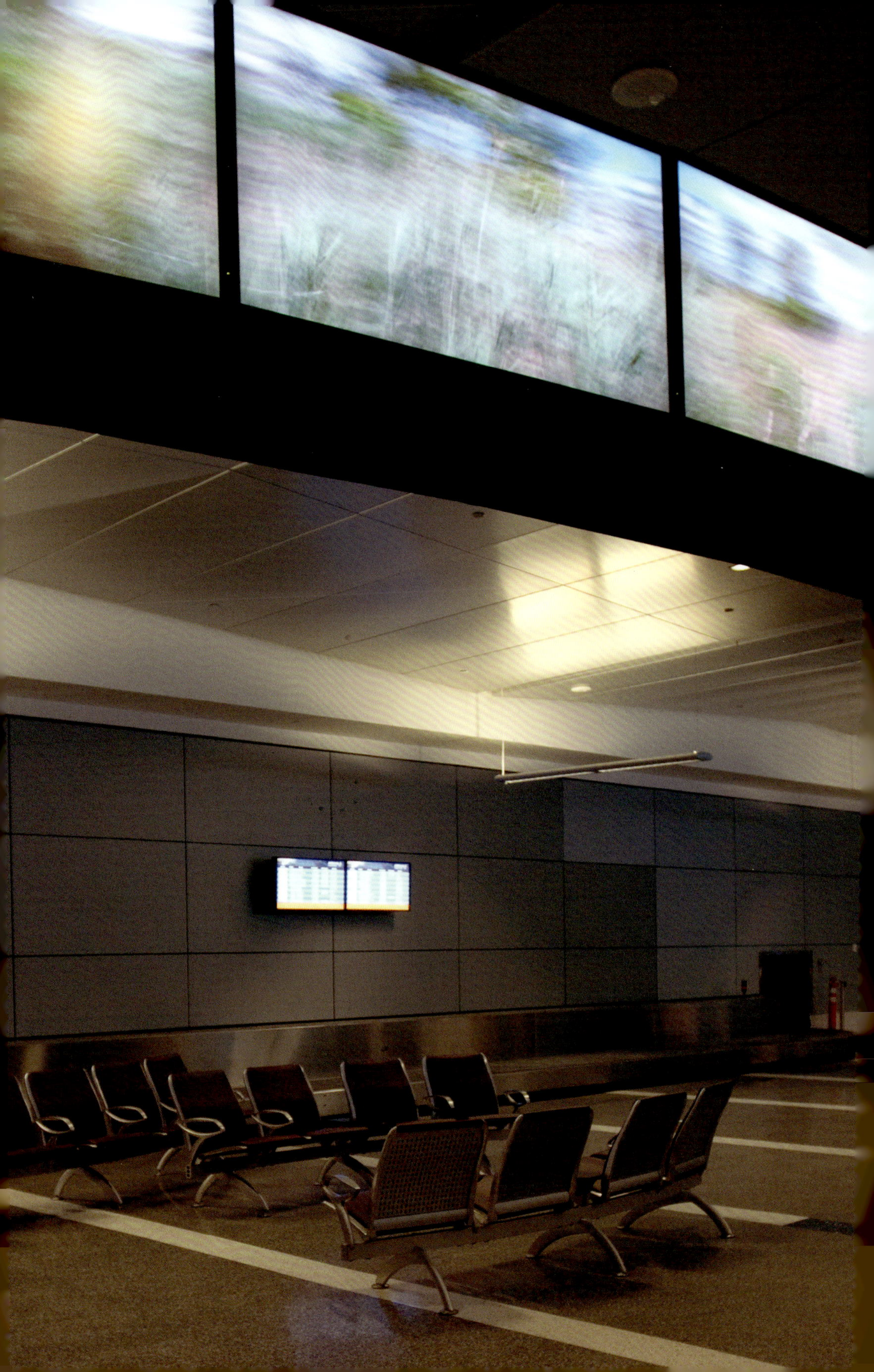

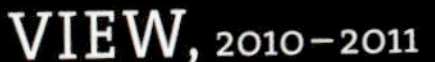

VIEW, 2010–2011

Œuvre permanente, installation vidéo à canaux multiples, son stéréo, aérogare Tom Brandley, aéroport international de Los Angeles (LAX)

Permanent, Multi Channel Video Installation, Stereo Sound, Tom Bradley Terminal, Los Angeles International Airport (LAX)

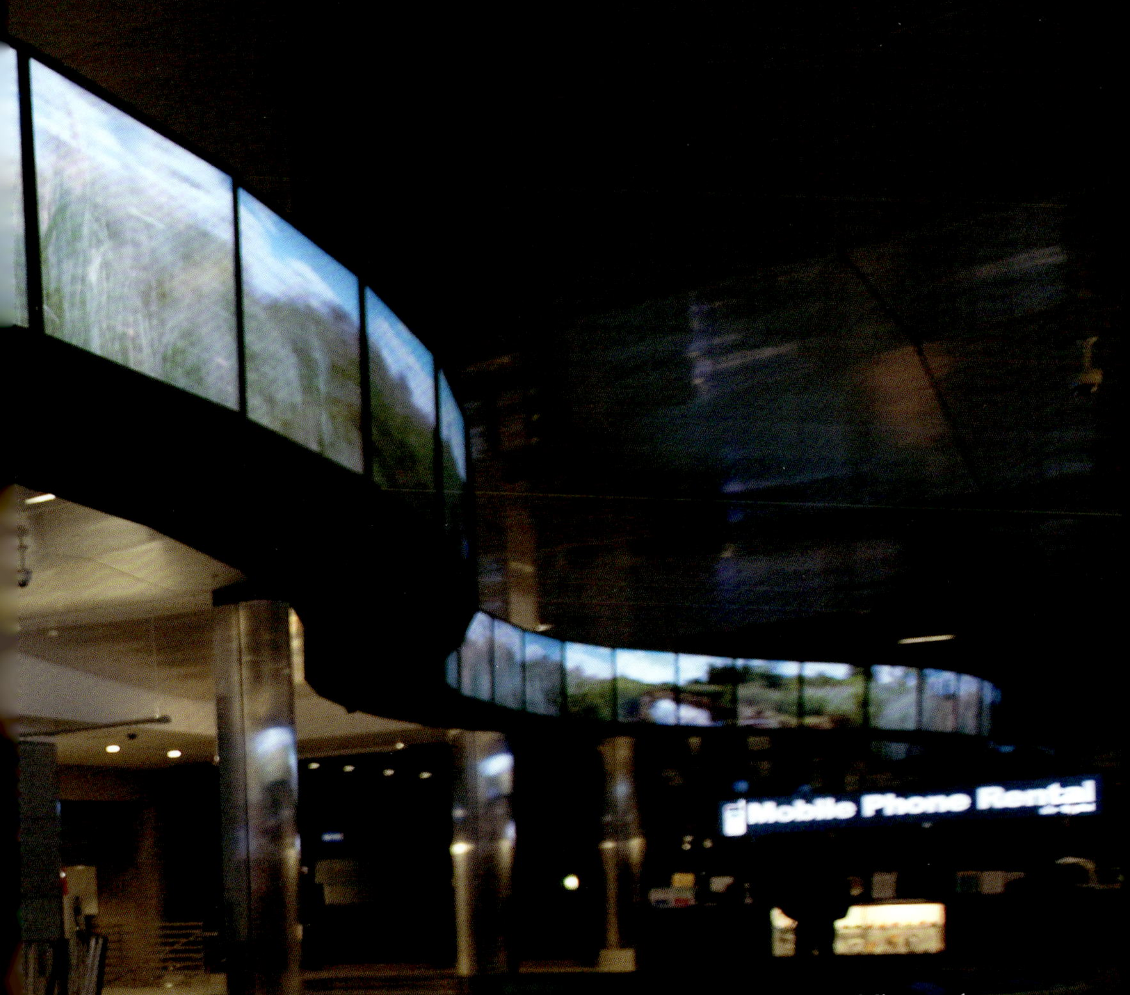

VIEW est une installation vidéo panoramique qui présente une rotation à 720 ° d'un marécage et d'un étang près du port de New York. Autrefois quartier de docks, le site semble être redevenu un refuge naturel. L'enregistrement vidéo unique en continu est numériquement modifié dans un processus à couches multiples, se transformant lentement en une métamorphose spatio-temporelle. L'œuvre nie l'idée que le temps soit linéaire, faisant d'un fragment naturel une ‹ toile vidéo › immersive.

VIEW is a panoramic video installation rendering a 720 ° rotation of a marsh and pond in the environs of the harbor of New York City. The site, formerly an industrial dockland, appears to be a natural refuge once again. The single, continuous video recording is altered digitally in a multi-layered process, transforming slowly into a metamorphosis of time and space. The work negates the idea of time as linear, turning a natural fragment into an immersive 'video canvas'.

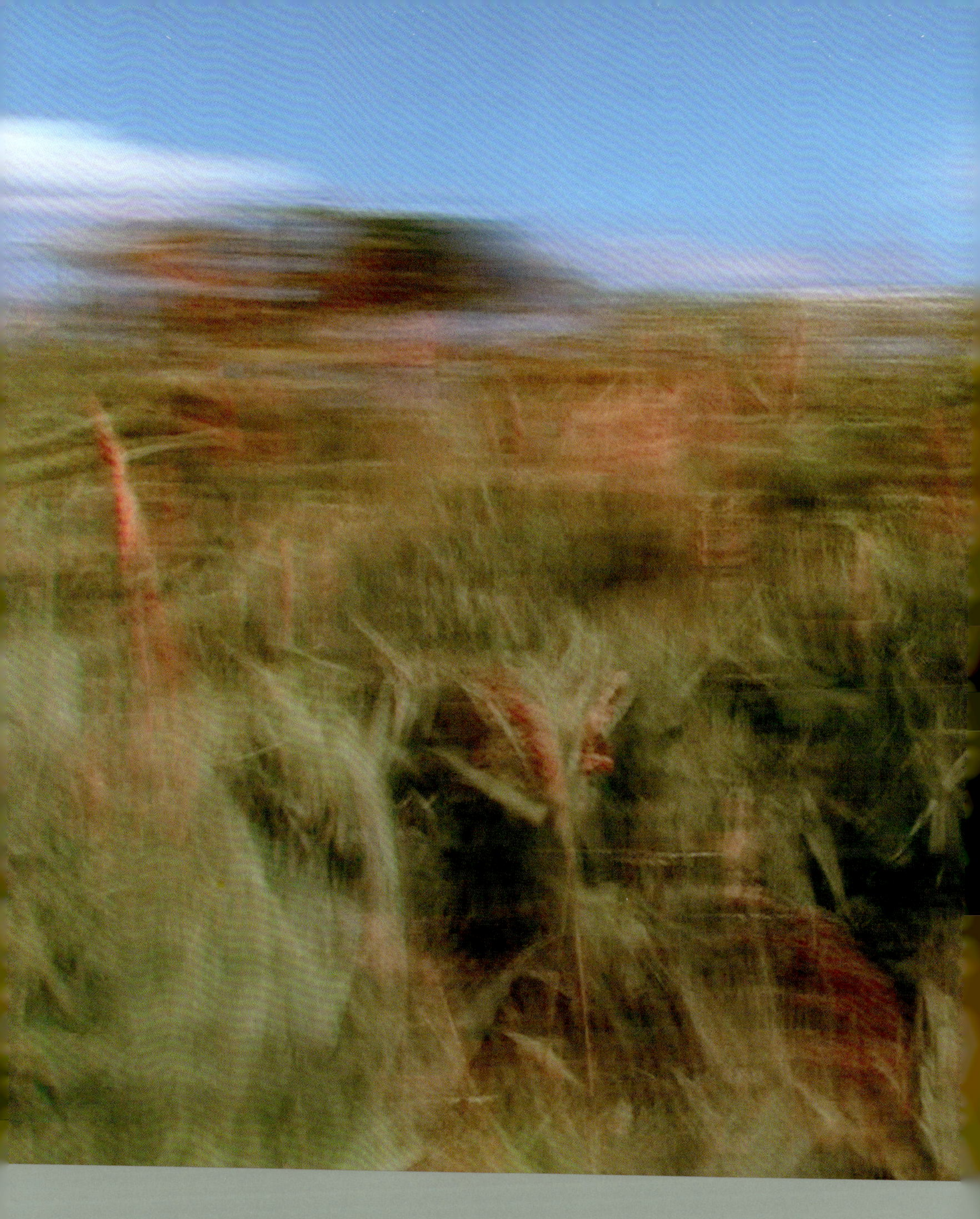

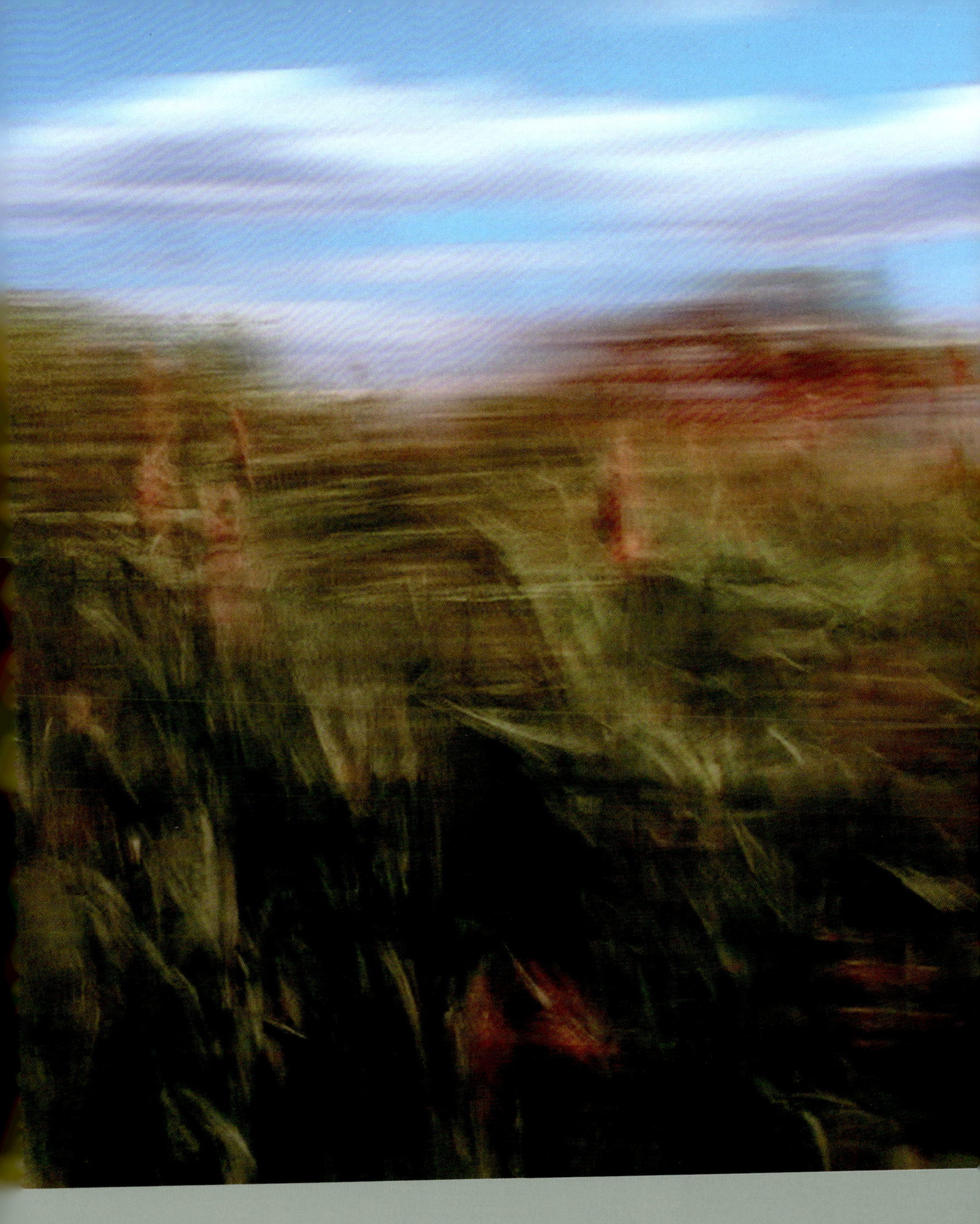

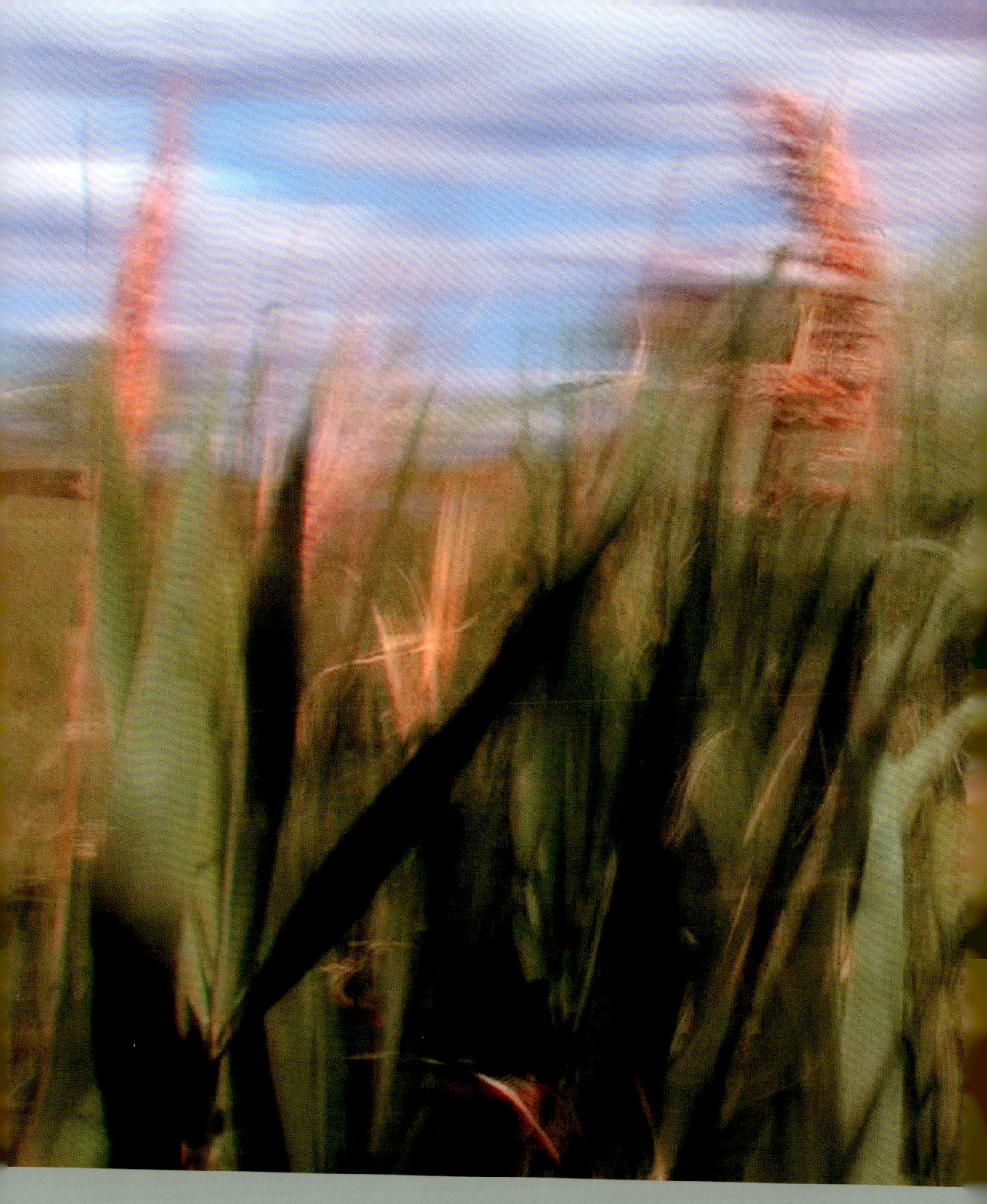

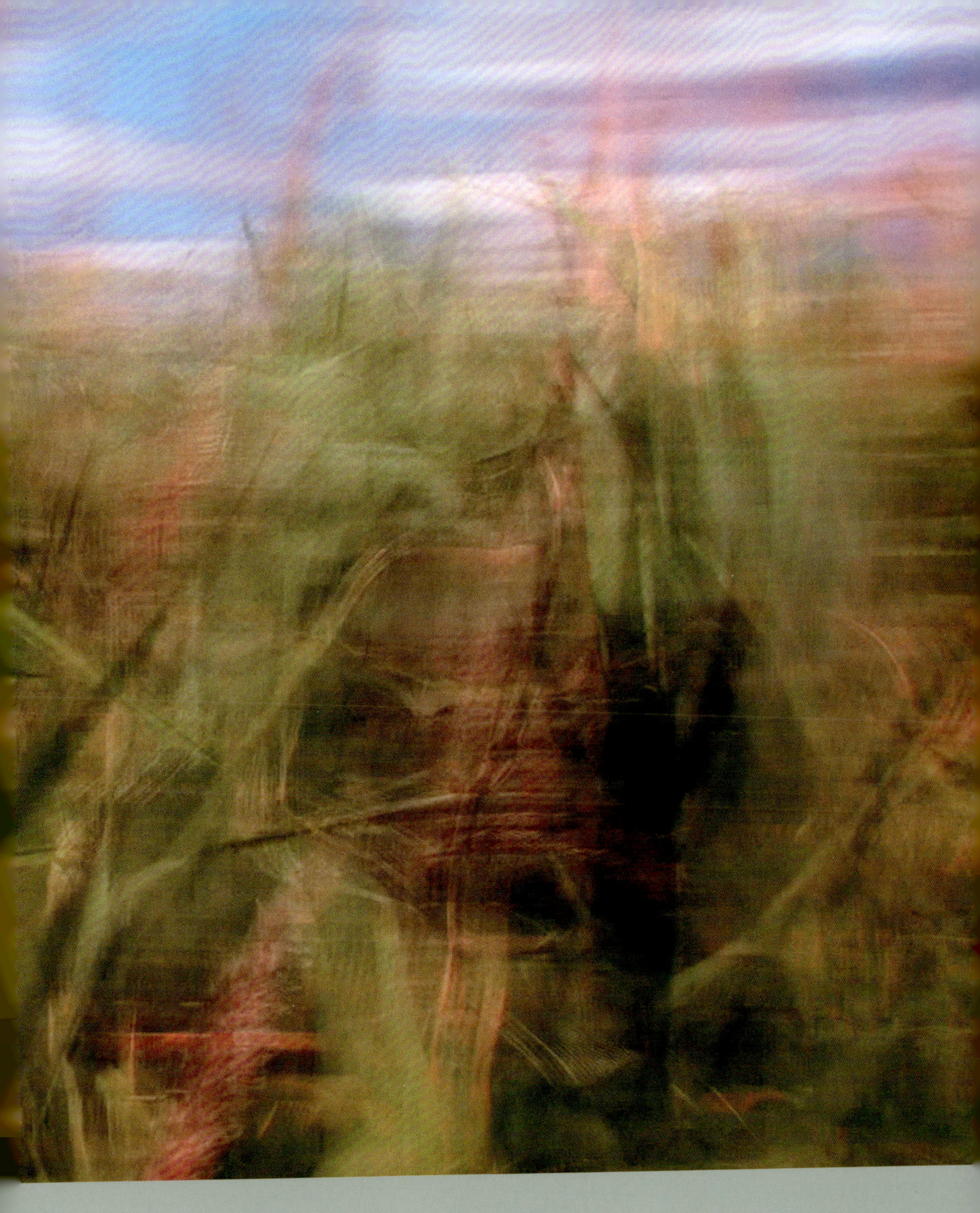

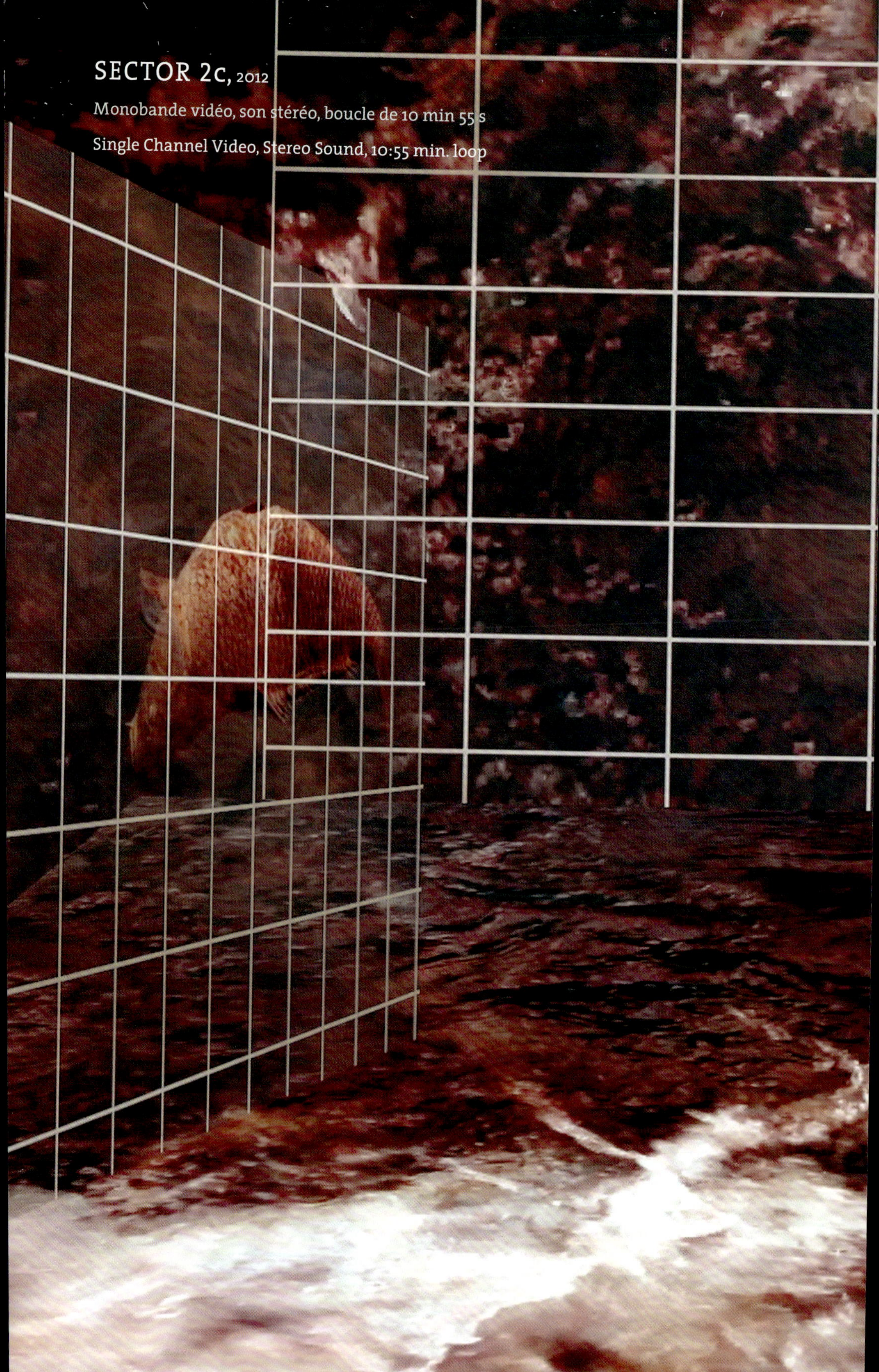

SECTOR 2c, 2012

Monobande vidéo, son stéréo, boucle de 10 min 55 s

Single Channel Video, Stereo Sound, 10:55 min. loop

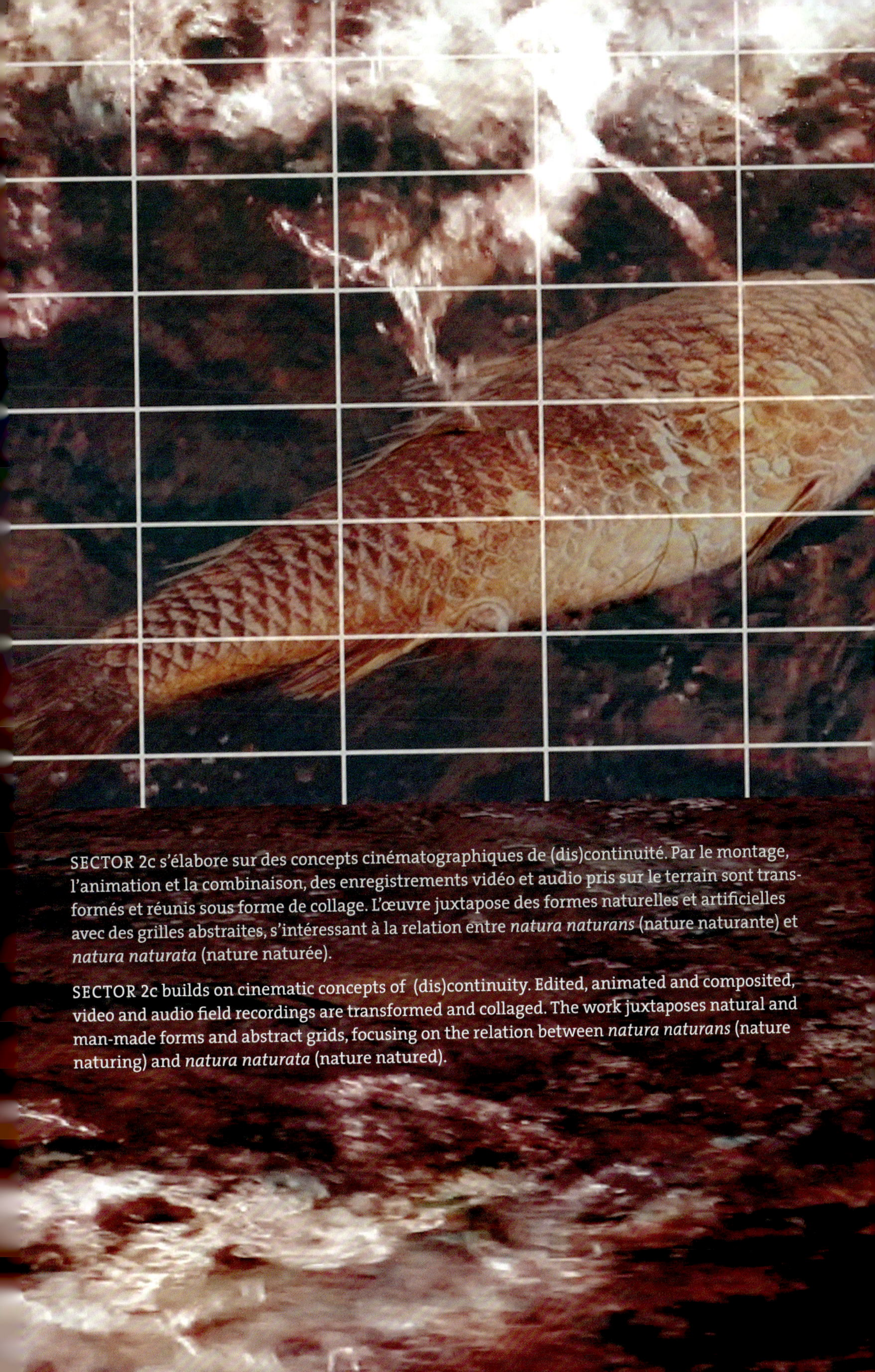

SECTOR 2c s'élabore sur des concepts cinématographiques de (dis)continuité. Par le montage, l'animation et la combinaison, des enregistrements vidéo et audio pris sur le terrain sont transformés et réunis sous forme de collage. L'œuvre juxtapose des formes naturelles et artificielles avec des grilles abstraites, s'intéressant à la relation entre *natura naturans* (nature naturante) et *natura naturata* (nature naturée).

SECTOR 2c builds on cinematic concepts of (dis)continuity. Edited, animated and composited, video and audio field recordings are transformed and collaged. The work juxtaposes natural and man-made forms and abstract grids, focusing on the relation between *natura naturans* (nature naturing) and *natura naturata* (nature natured).

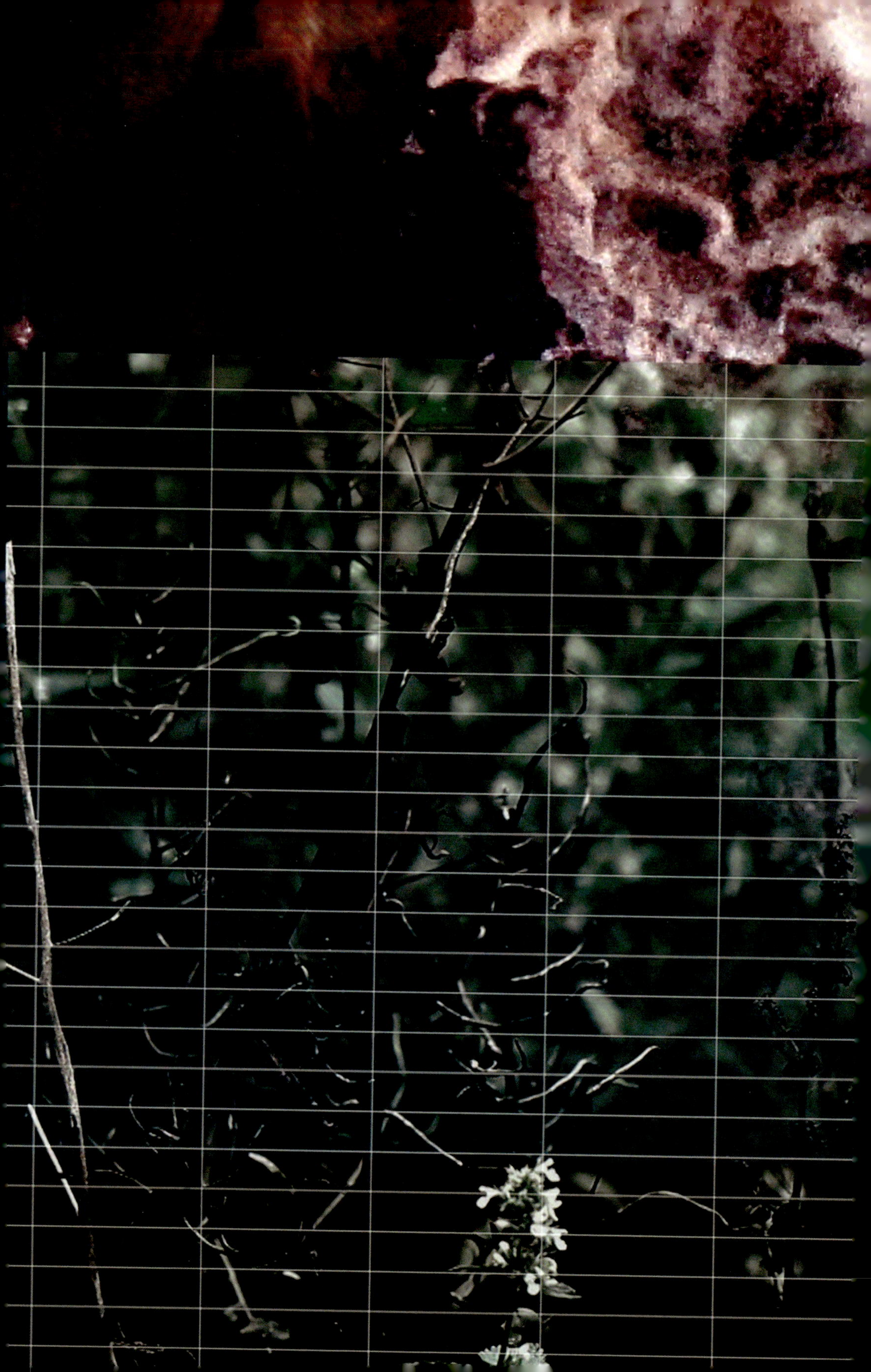

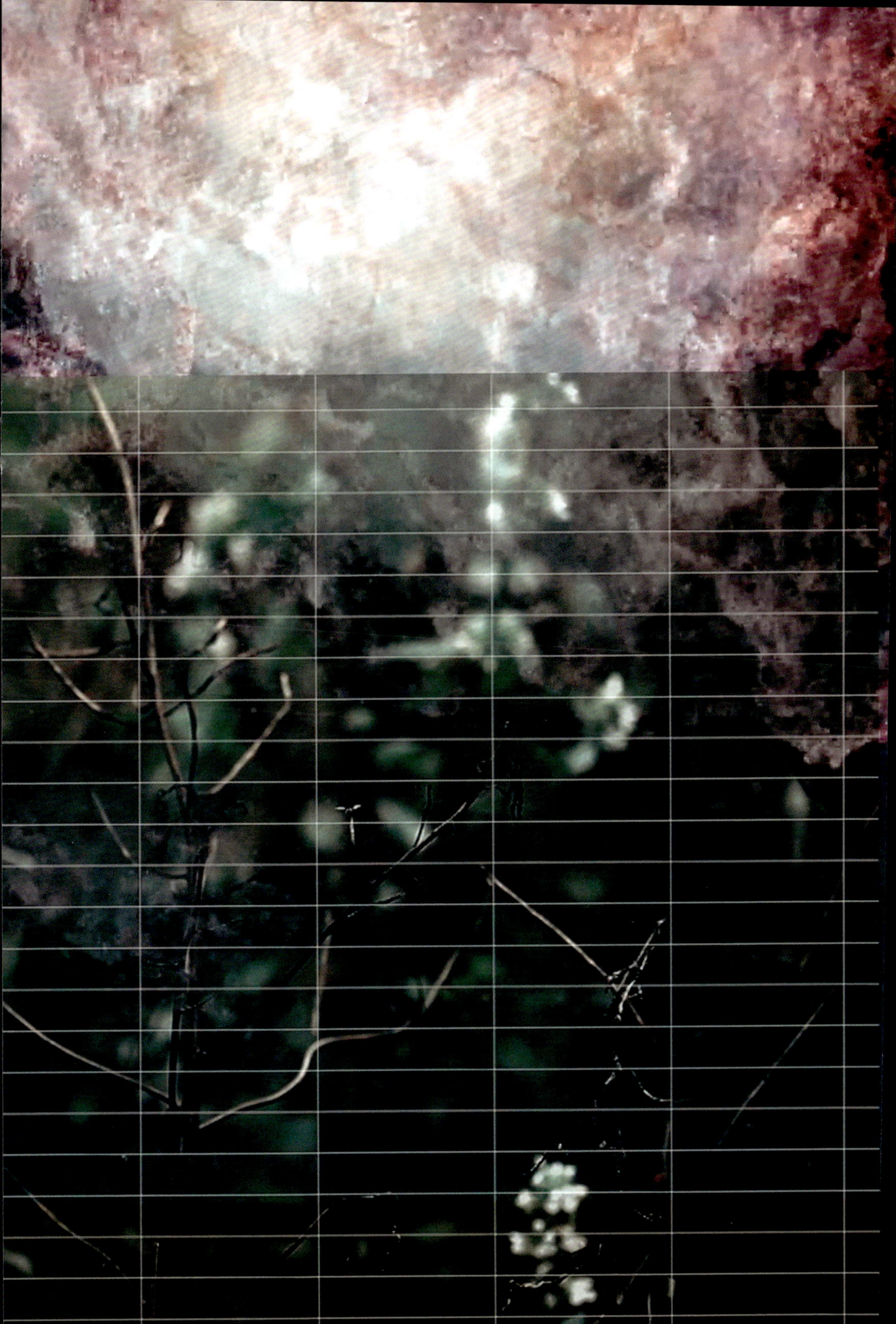

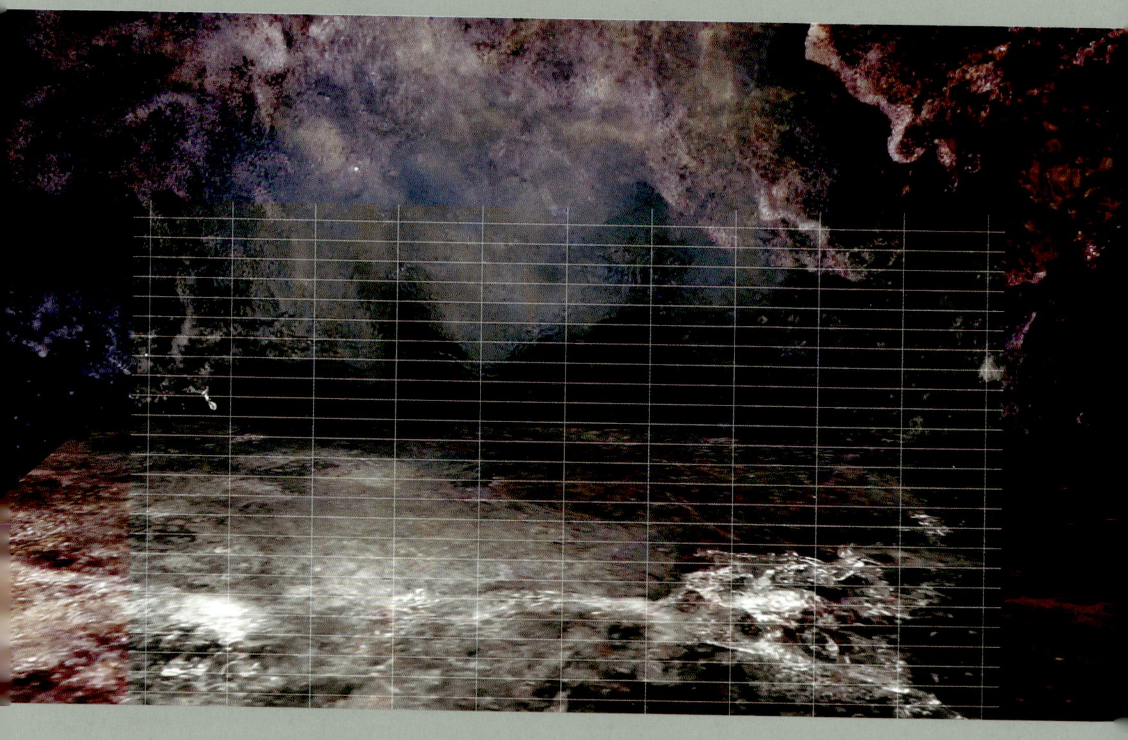

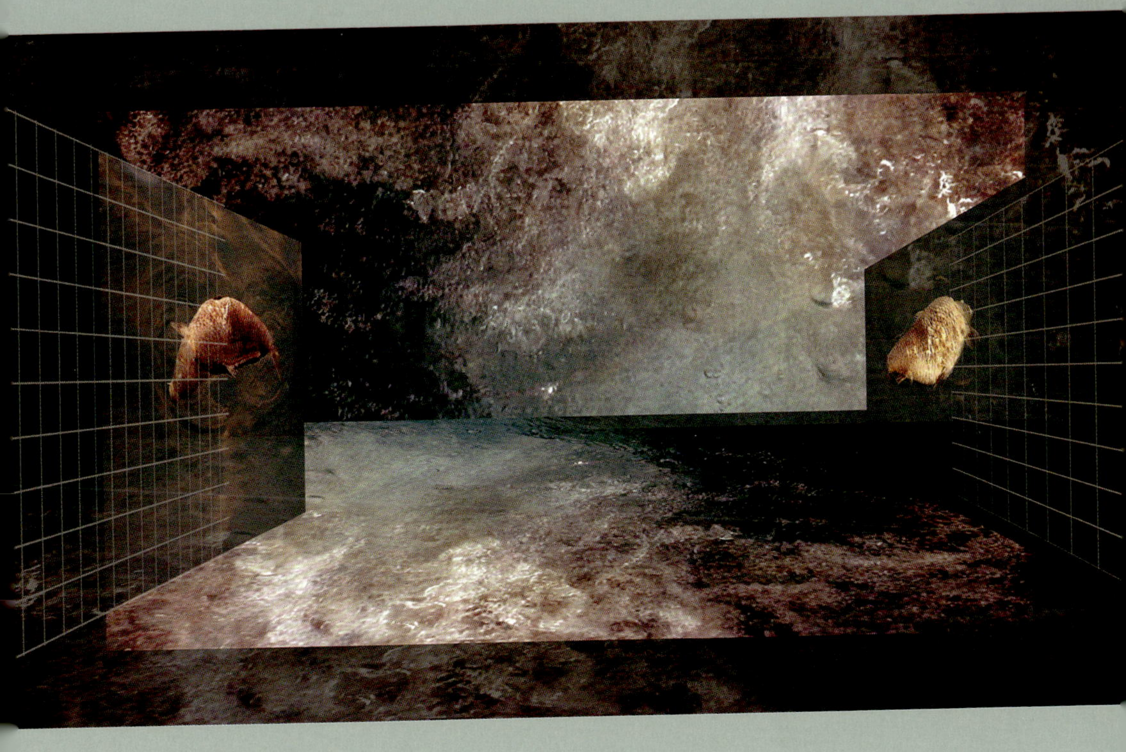

MEASURE, 2014

Monobande vidéo, son stéréo, boucle de 17 min 29 s
Une command d'Audemars Piguet

Single Channel Video, Stereo Sound, 17:29 min. loop
Commissioned by Audemars Piguet

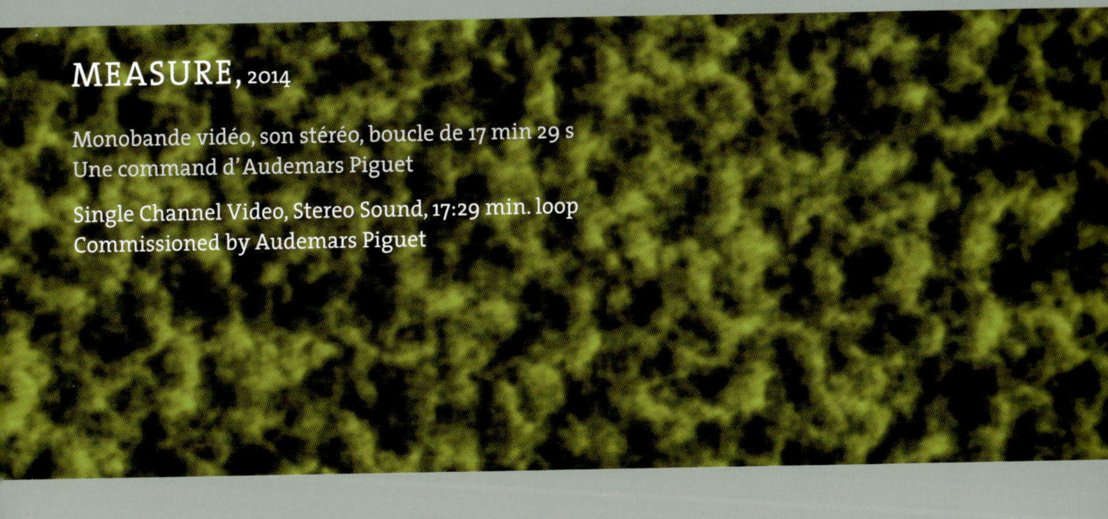

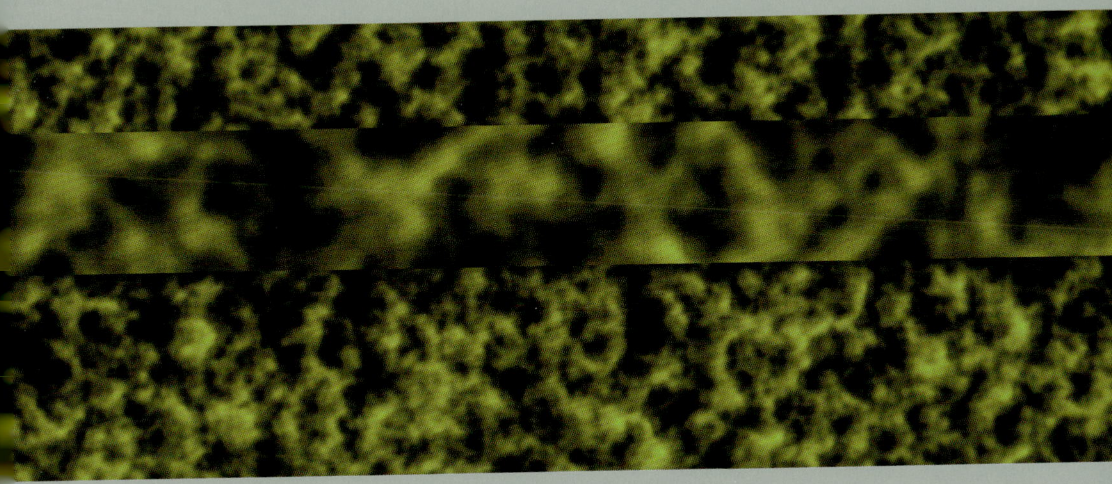

Cette œuvre audiovisuelle panoramique semble à la fois organique et artificielle. Des paysages photographiés et numériquement construits se combinent ; les manipulations visuelles et les simulations atmosphériques subtiles ou tranchées abondent. MEASURE se penche sur les concepts de nature au 21e siècle et sur les impressions médiatisées de la nature comme nouvelle normalité.

This panoramic audio-visual work appears at once organic and artificial. Photographed and digitally constructed landscapes blend together, subtle and less subtle visual manipulations and atmospheric simulations abound. MEASURE reflects on concepts of nature in the 21st century, and mediated impressions of nature as the new normal.

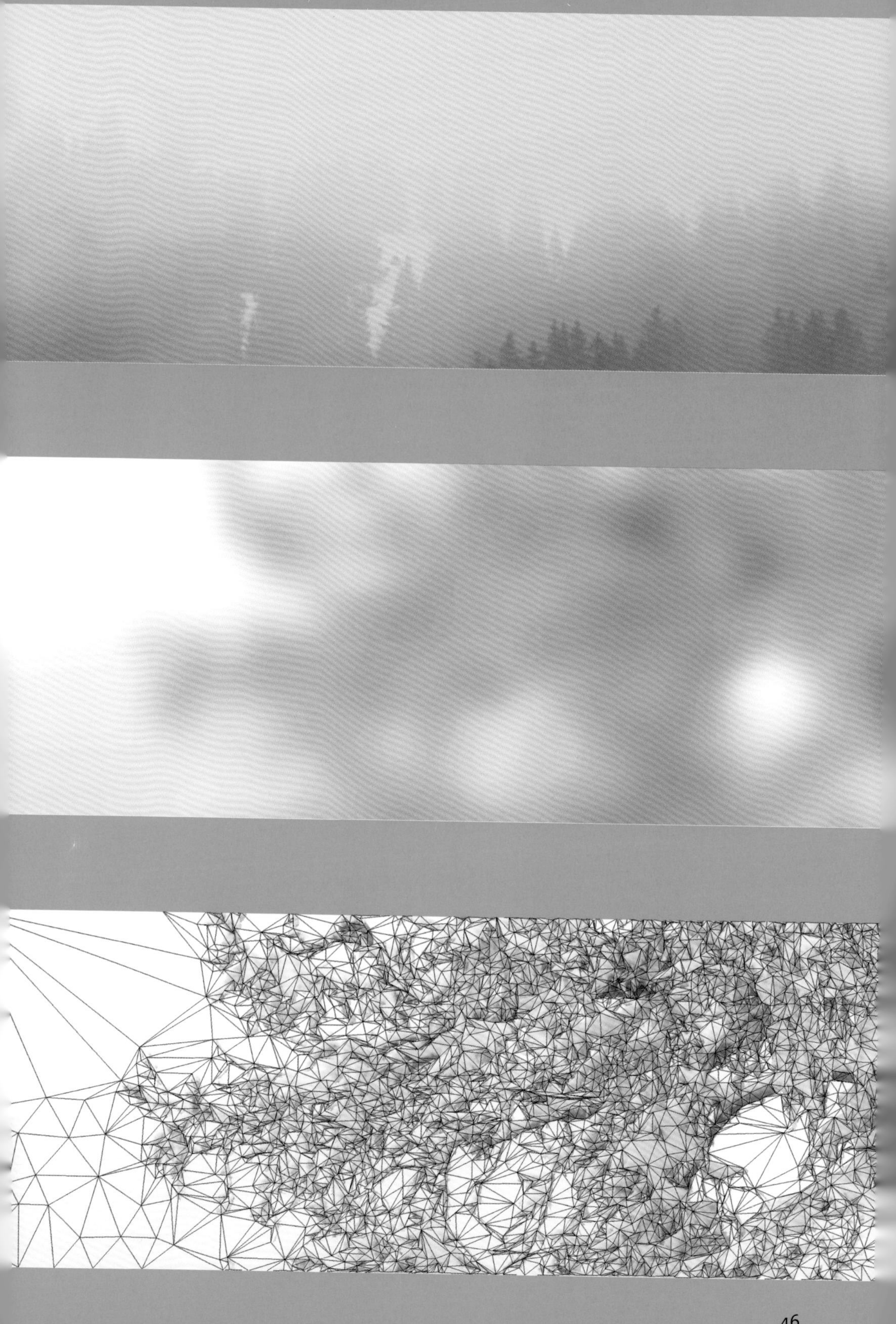

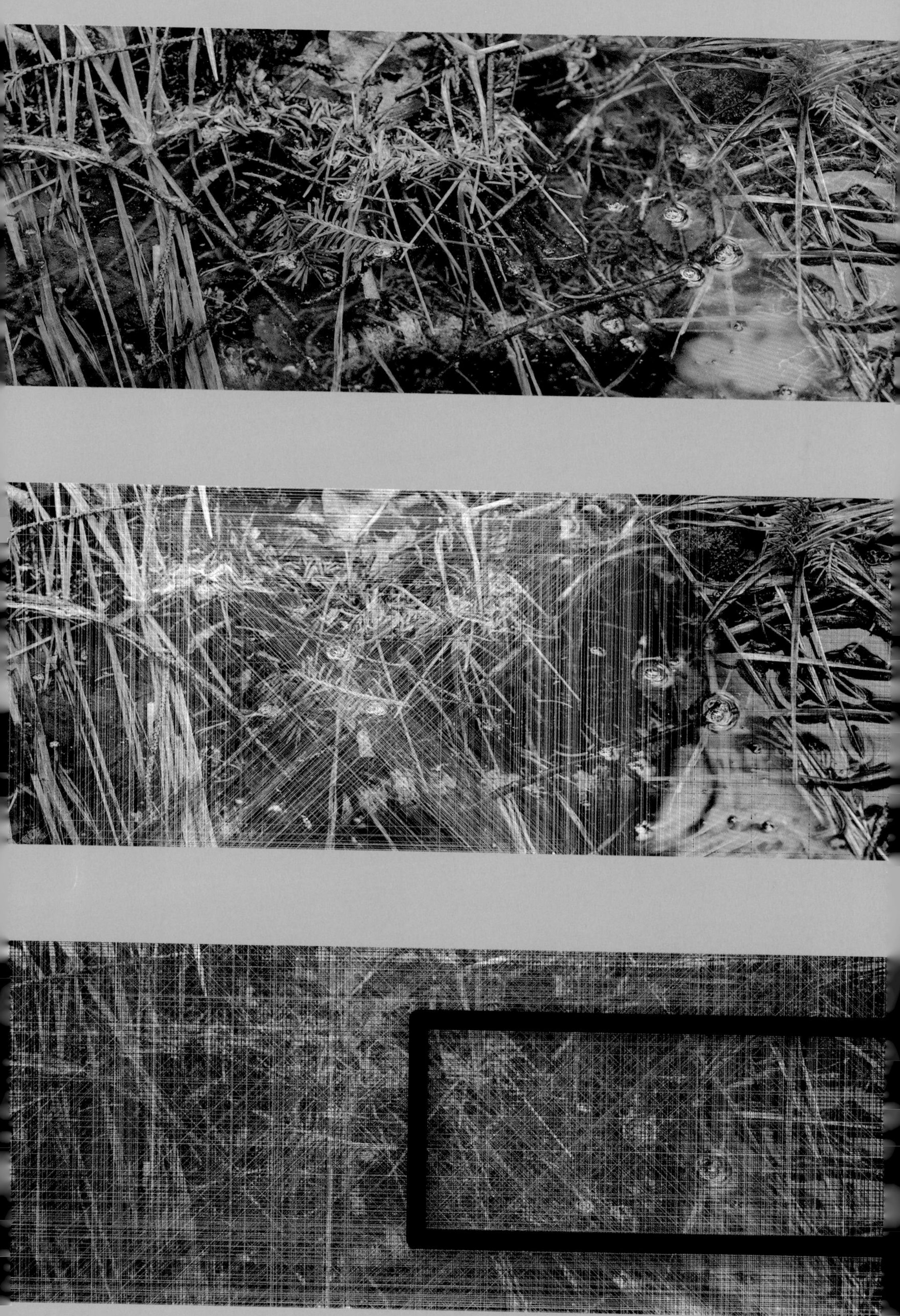

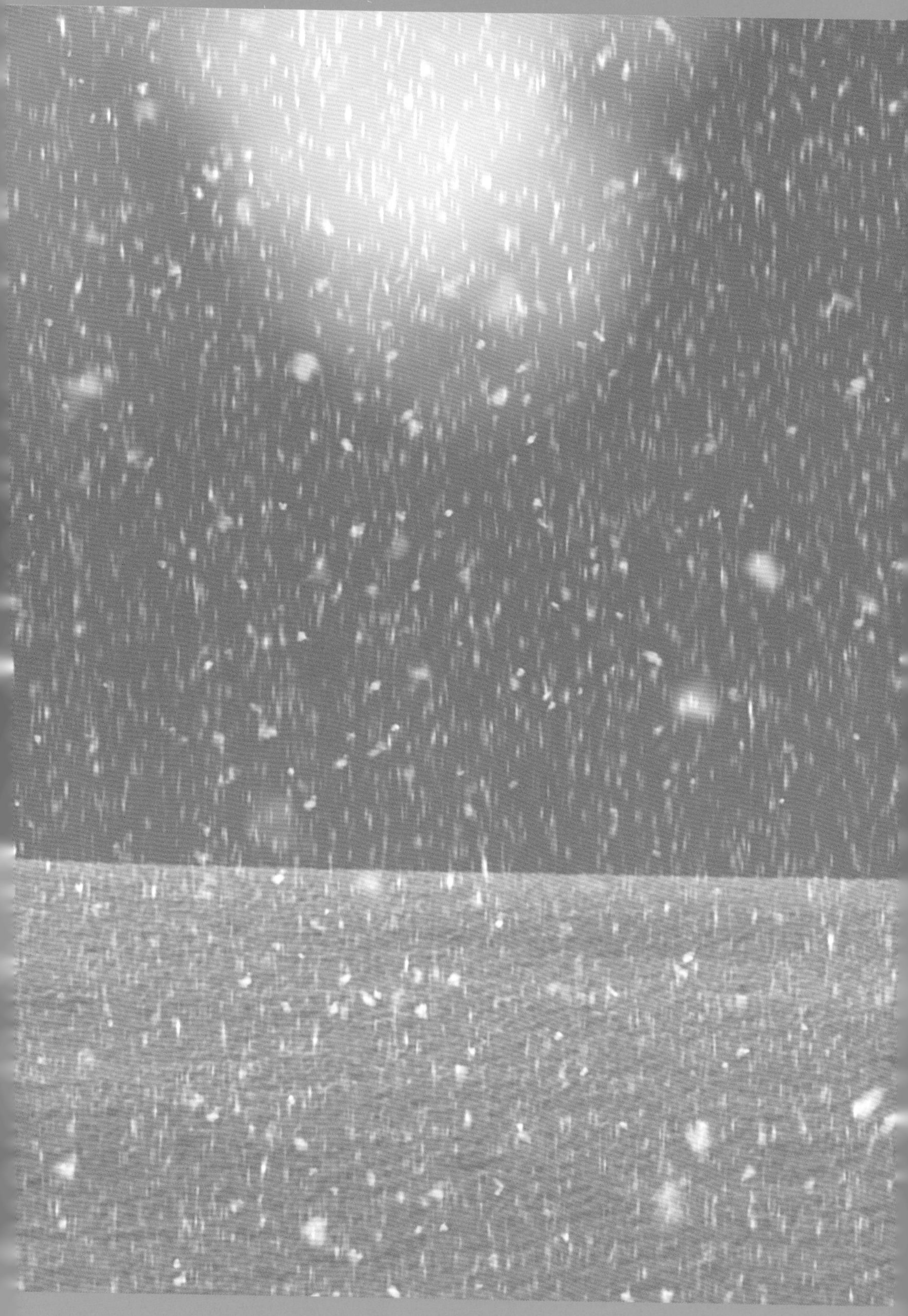

ORT, 2017

Monobande vidéo, son stéréo, boucle de 24 min 16 s
Projetée sur toute la surface du bâtiment Le Volcan, d'Oscar Niemeyer

Single Channel Video, Stereo Sound, 24:16 min. loop
Projected all over Oscar Niemeyer's building, Le Volcan

Soulignée par les limites de la perspective et les exosquelettes enchanteurs de la ville, ORT ré-imagine les périphéries de la nature alors qu'elle se pixélise dans un au-delà numérique. On nous offre des visions d'une brume de chaleur au-dessus du désert de l'Utah, d'émissions volcaniques synthétisées basculant derrière des images de synthèse d'effigies disloquées, dont les yeux sont remplis d'univers numériques distants qui supplient le spectateur de les habiter.

Outlined by the perspectival limits and enchanting exoskeletons of the city, ORT re-envisions the peripheries of nature as it pixelates into a digital beyond. We are given visions of a heat haze over the Utah desert, of synthesized volcanic emissions tumbling behind dislocated computer generated images of effigies, whose eyes are dense with distant digital universes that beg the viewer to inhabit them.

Daniel Rourke

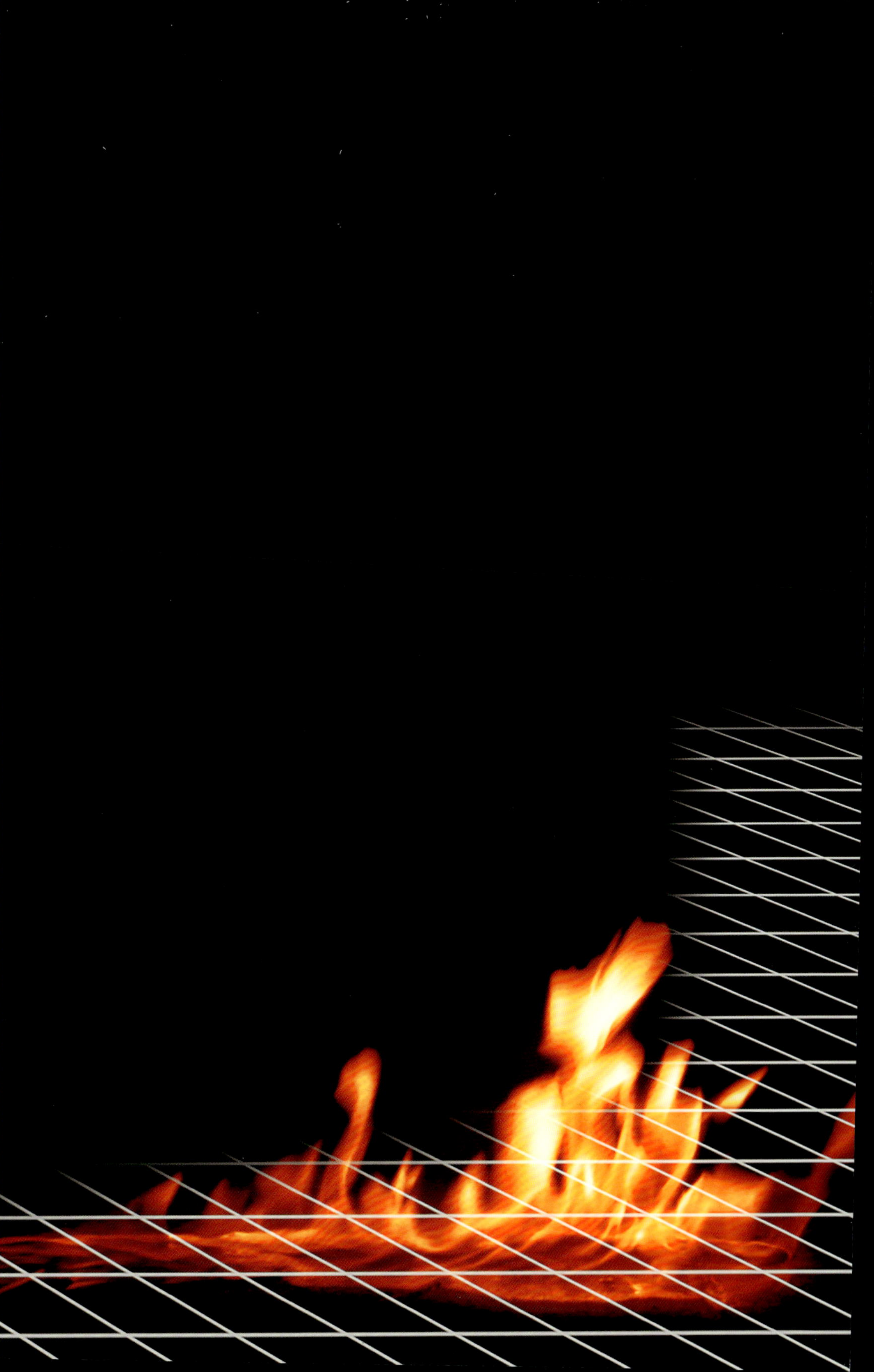

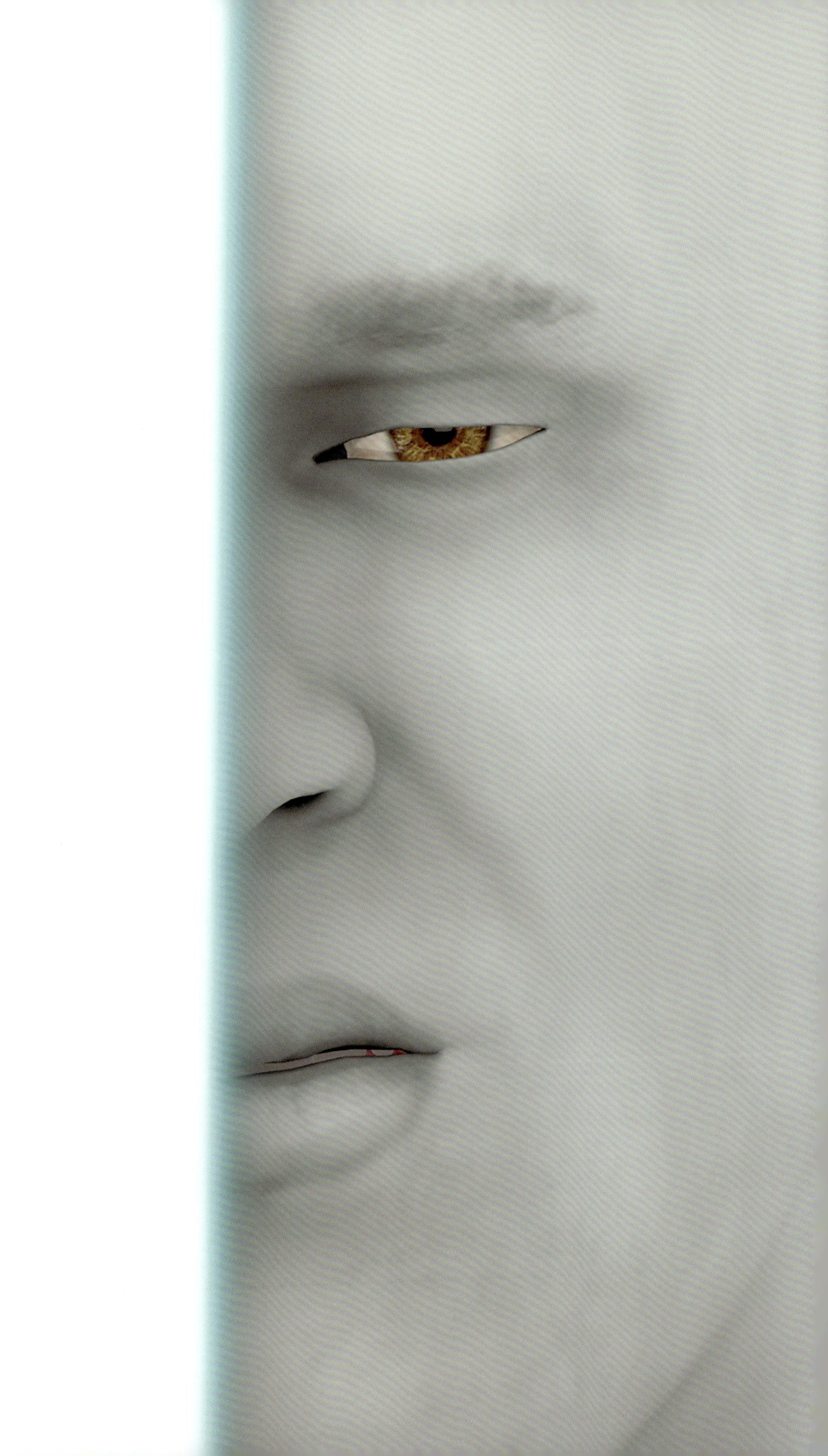

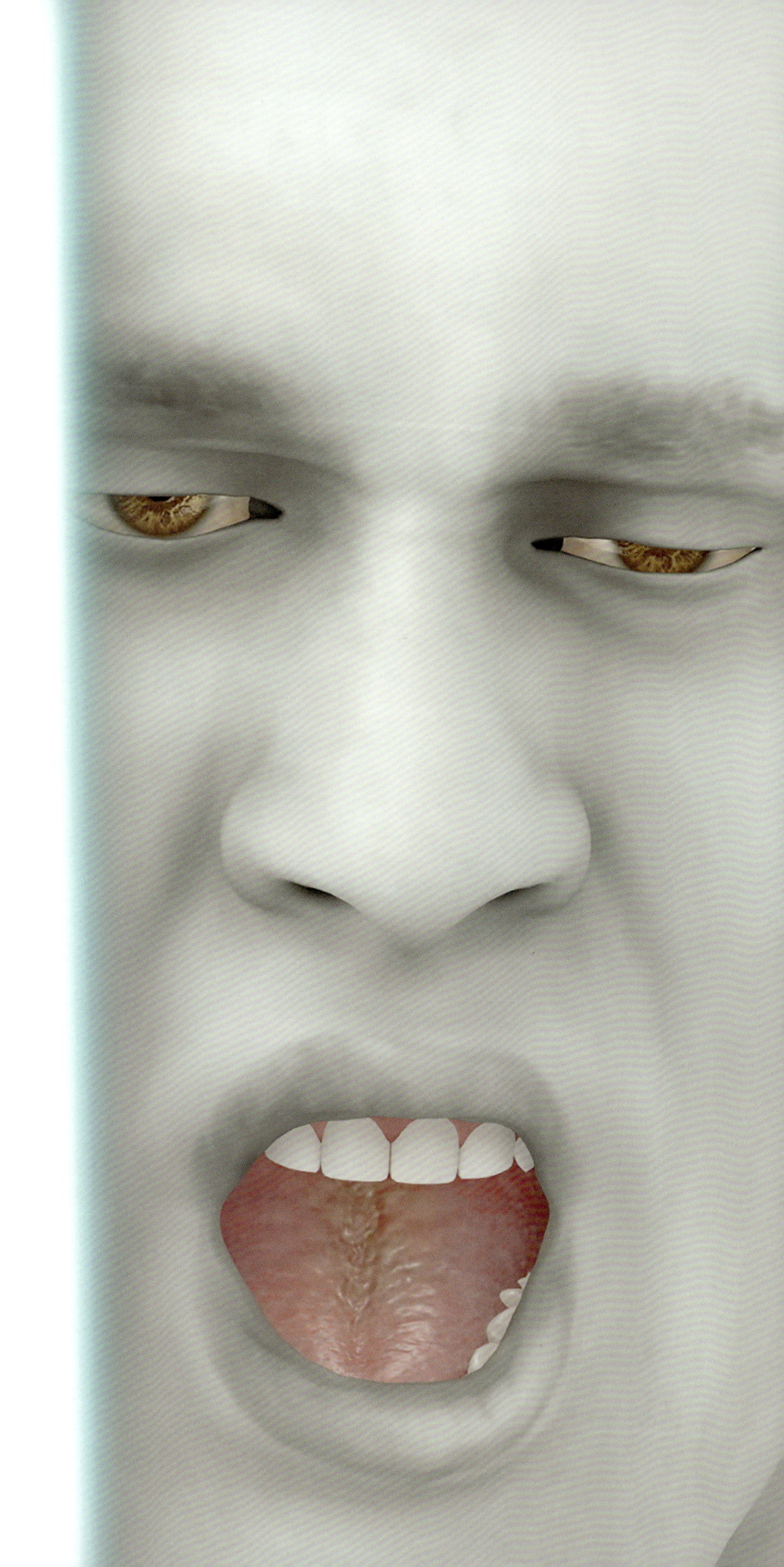

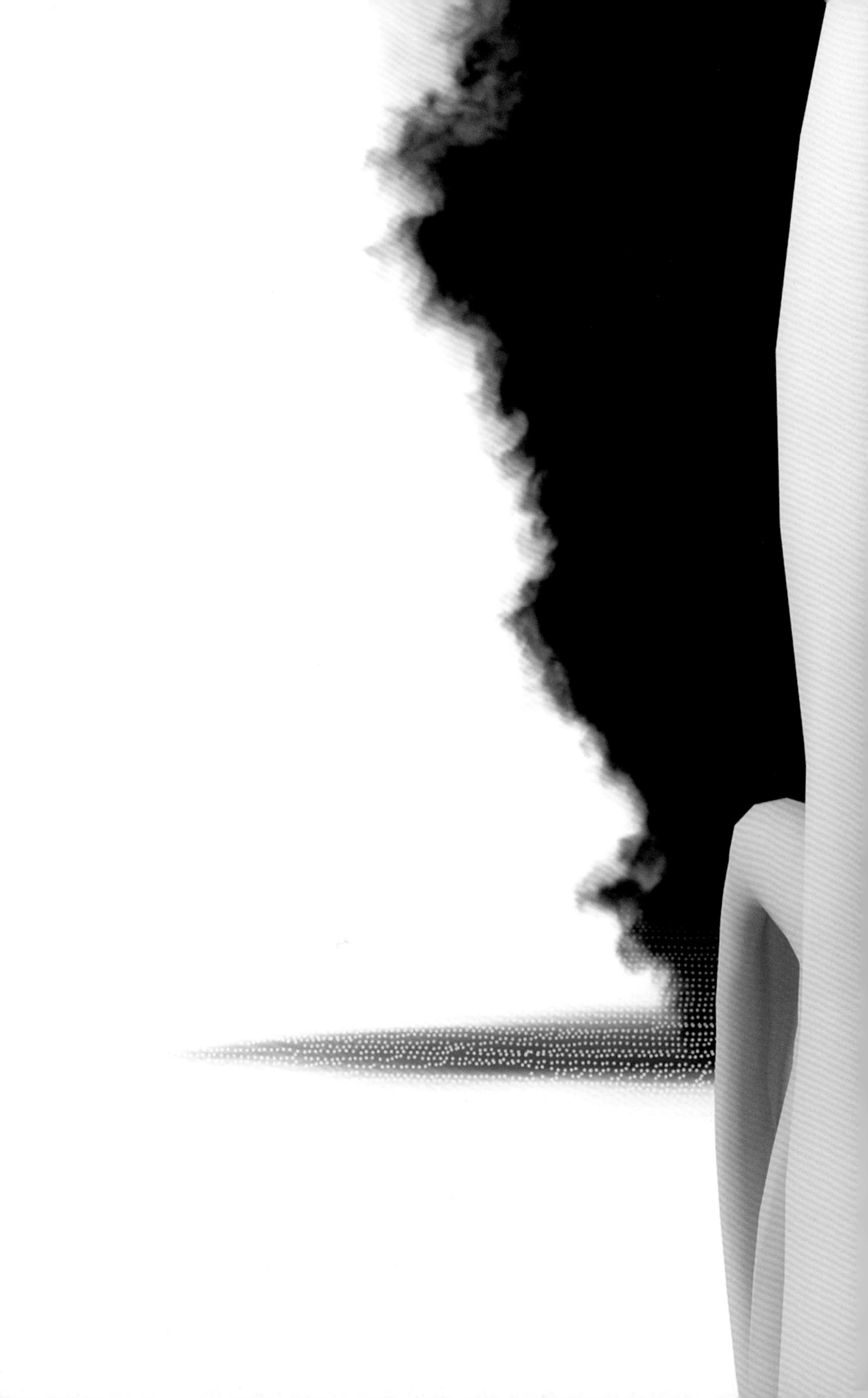

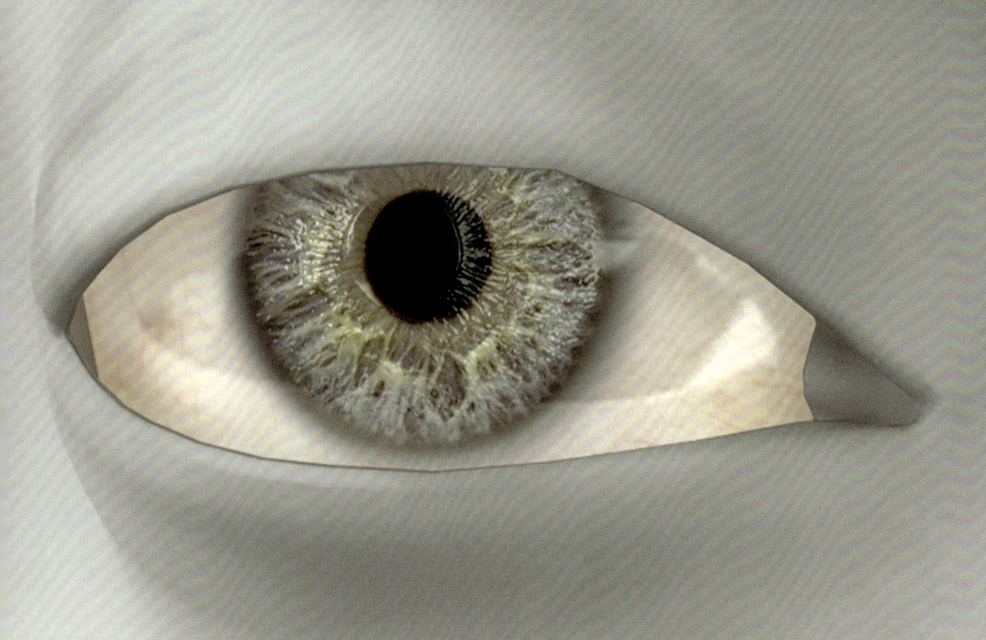

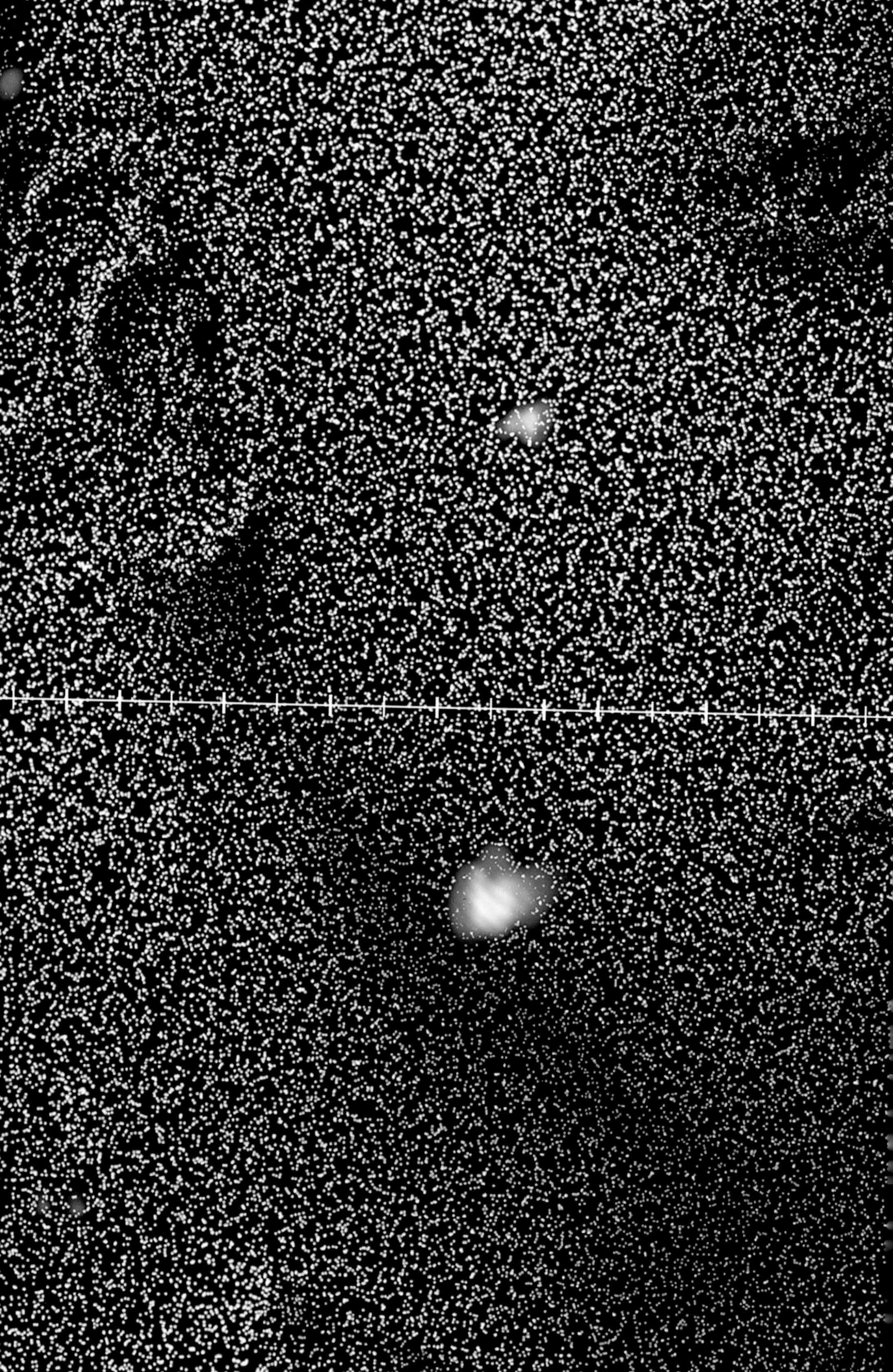

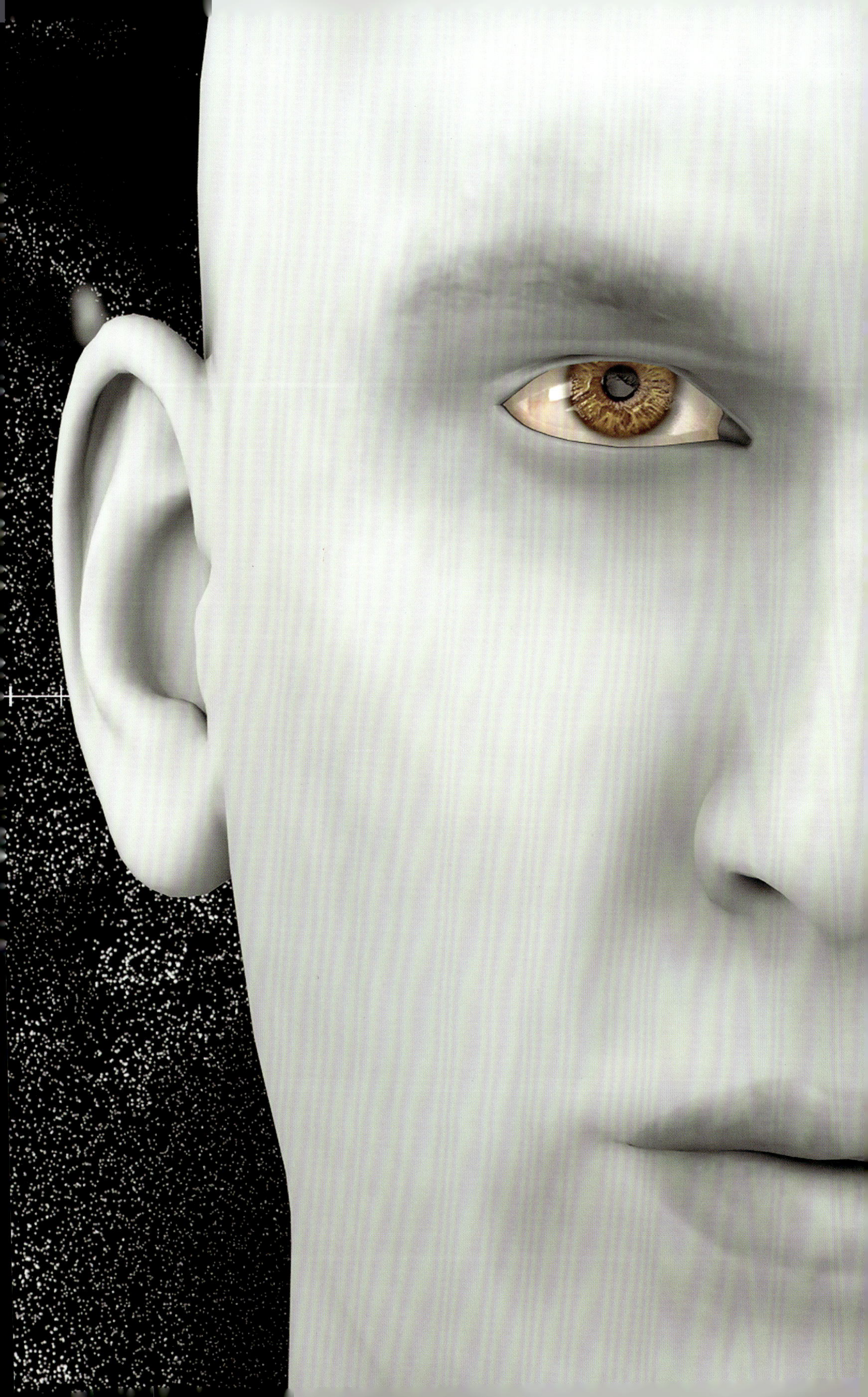

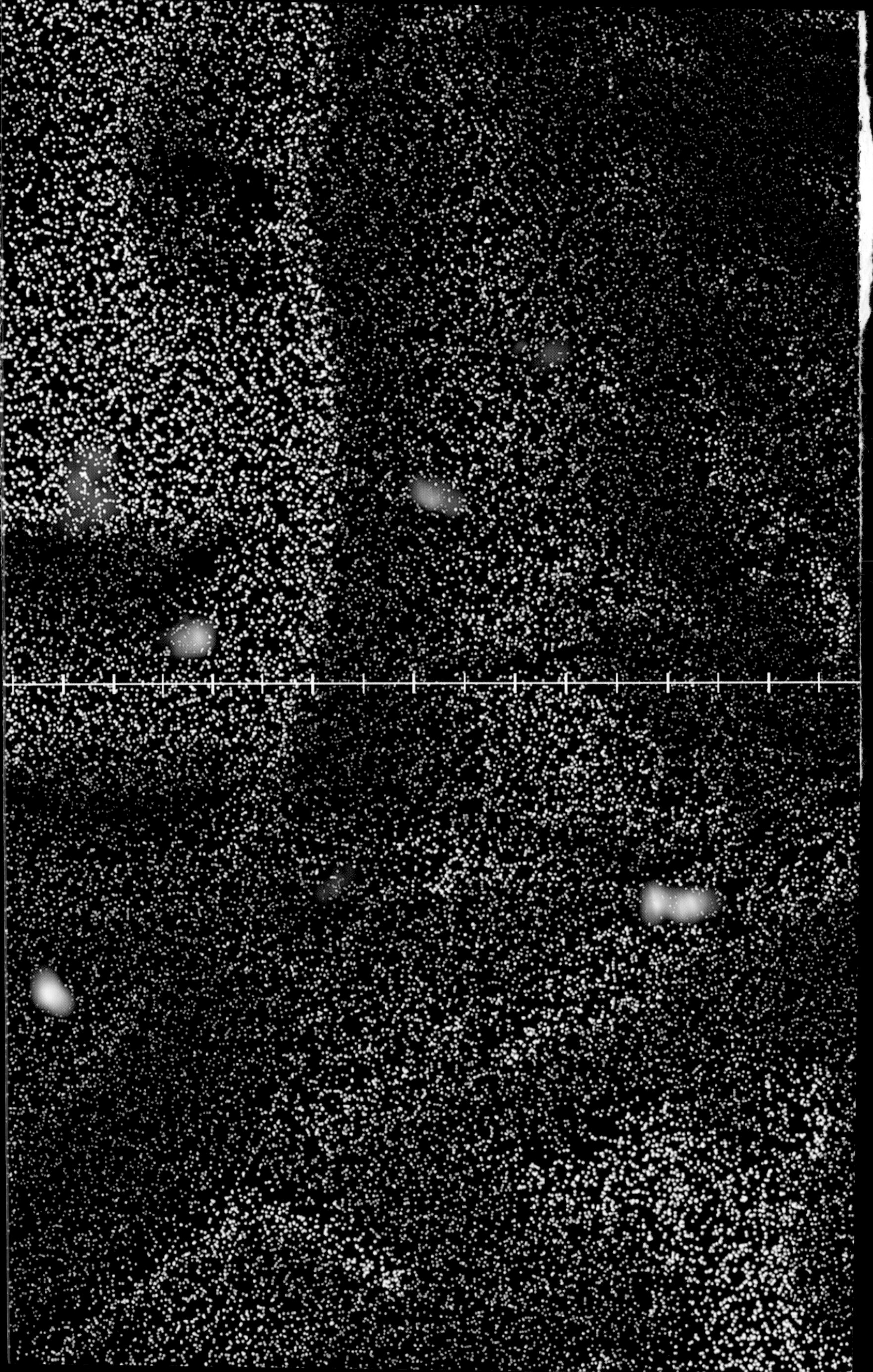

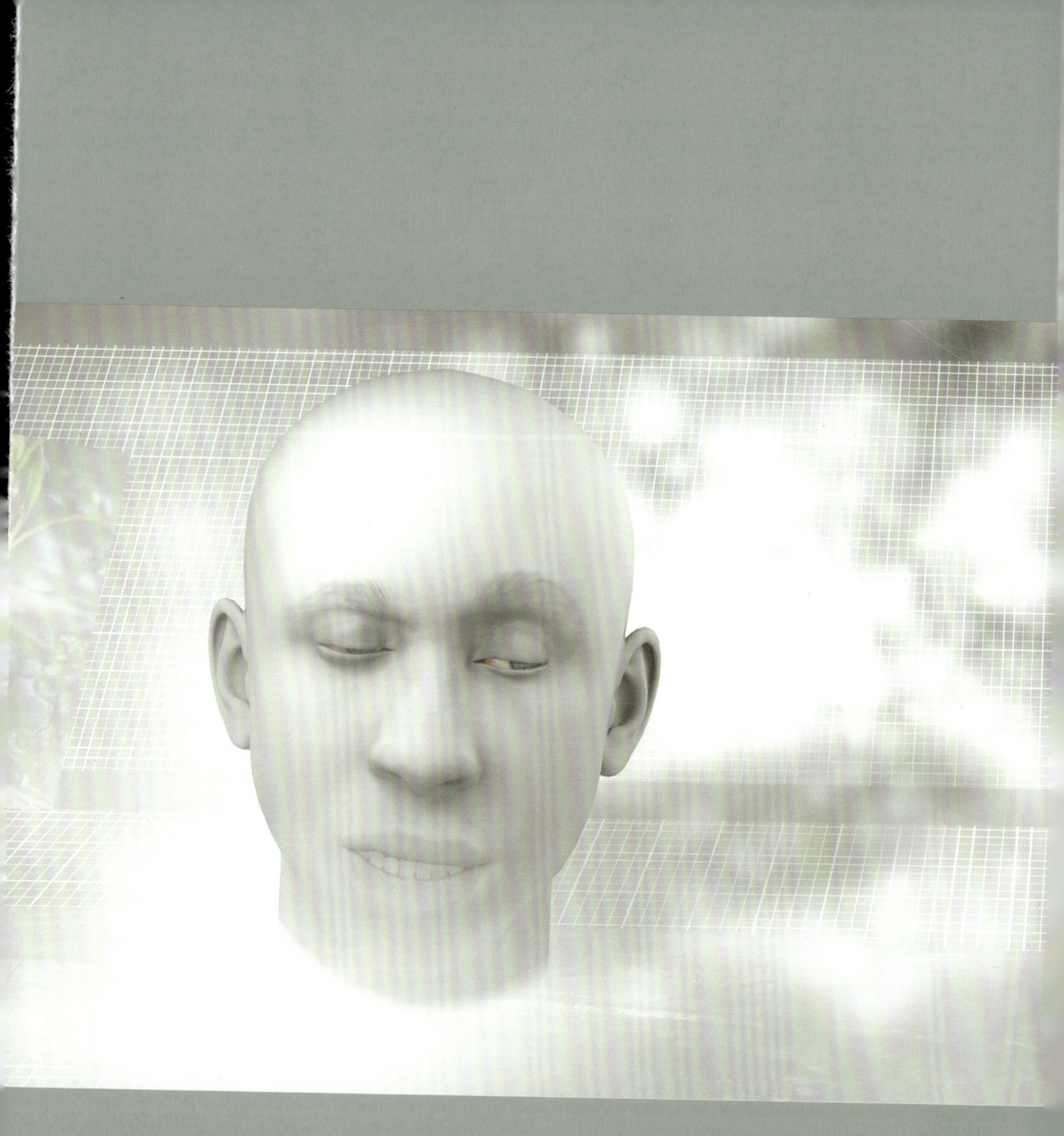

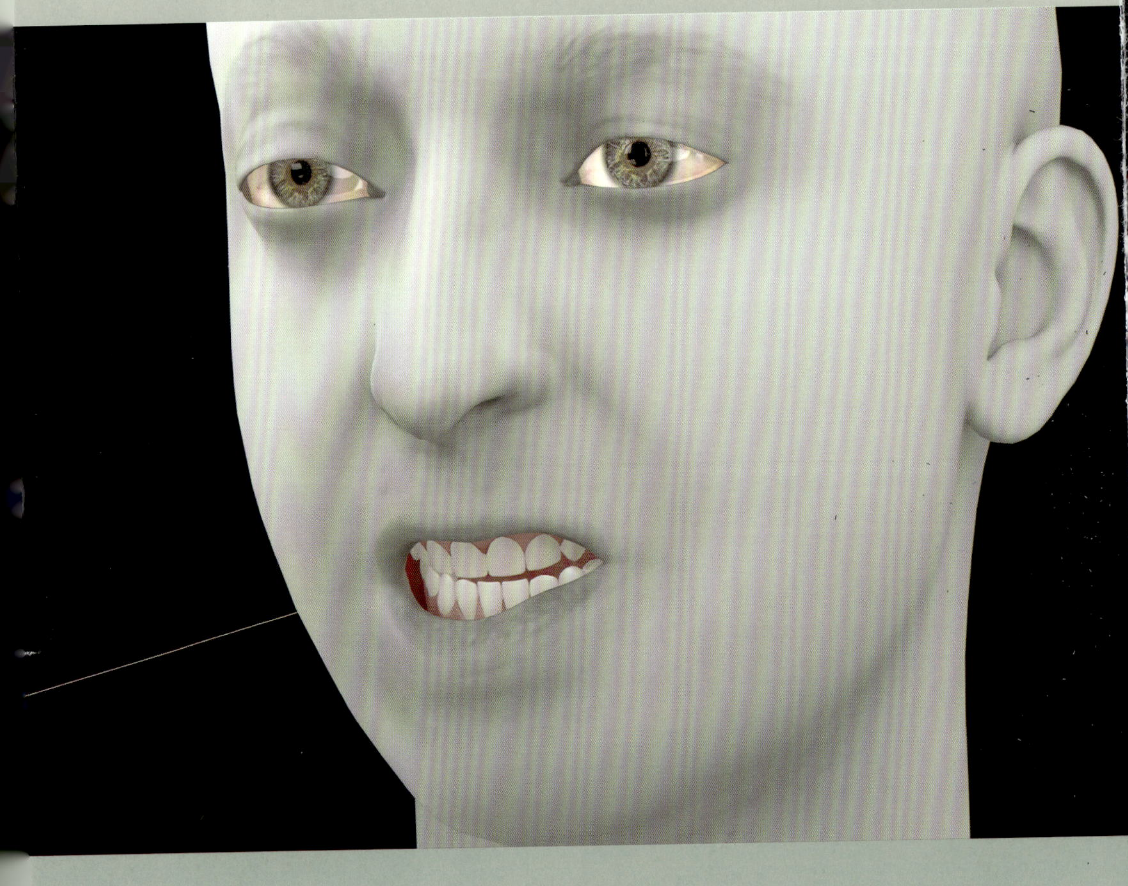

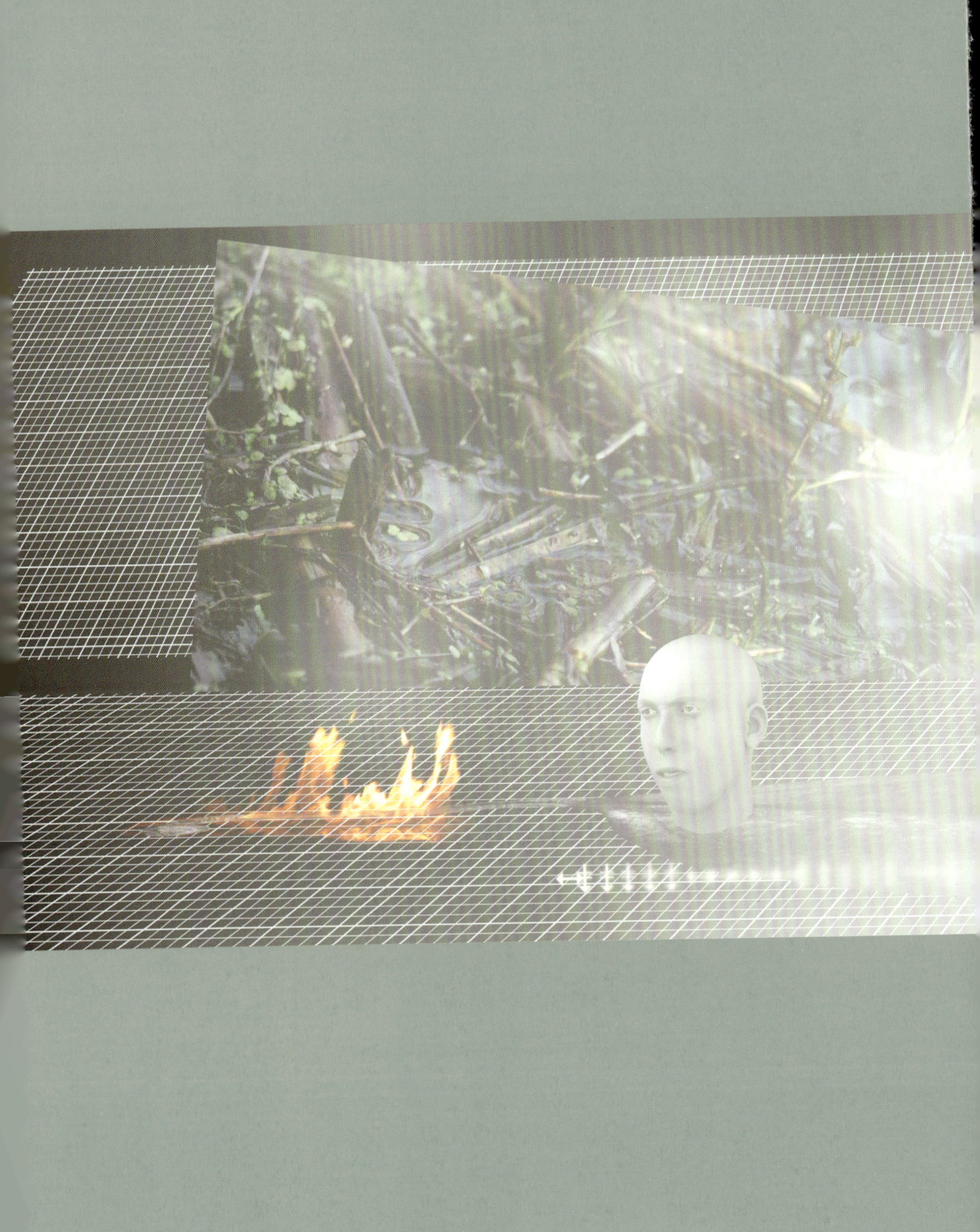

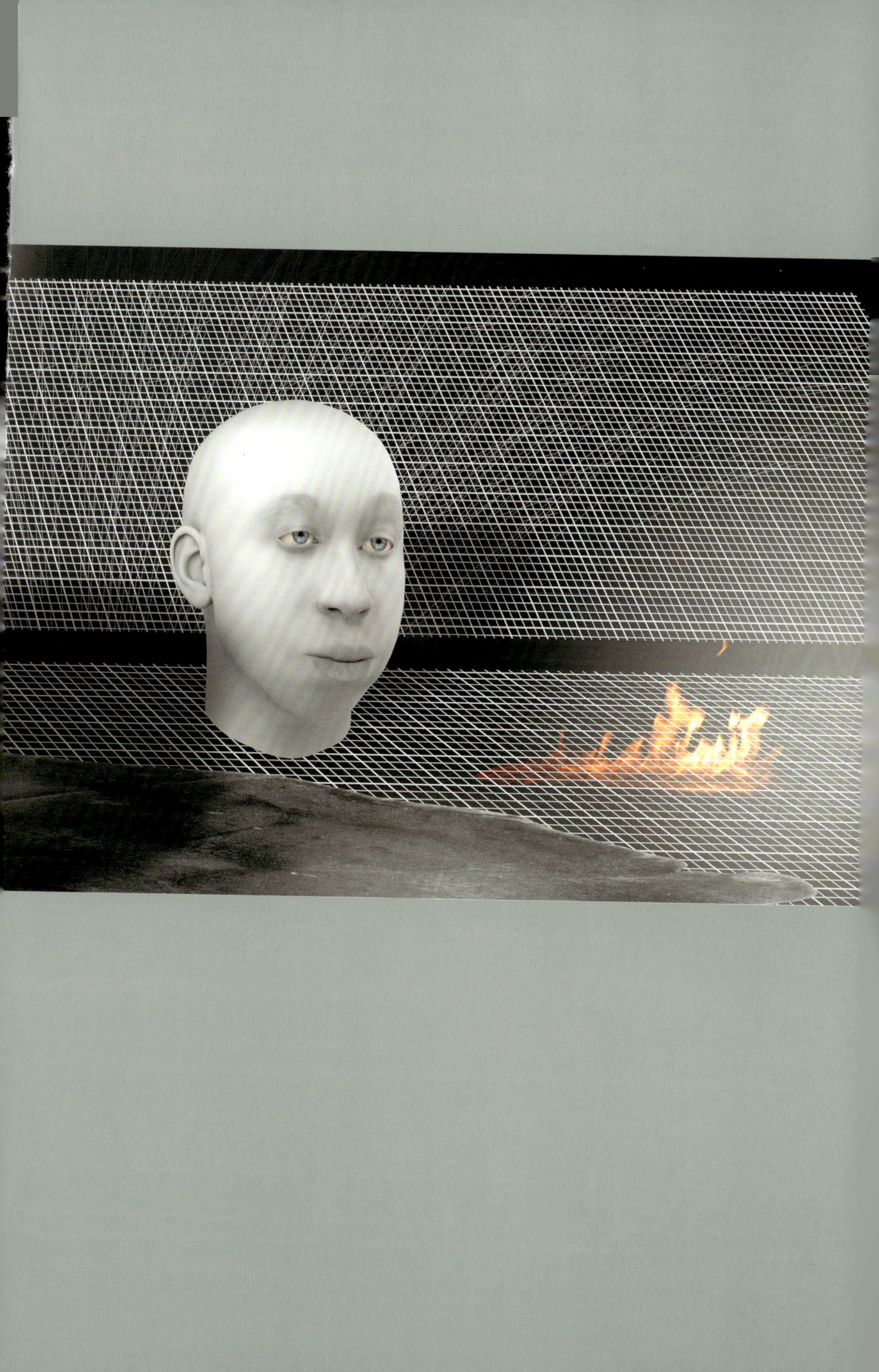

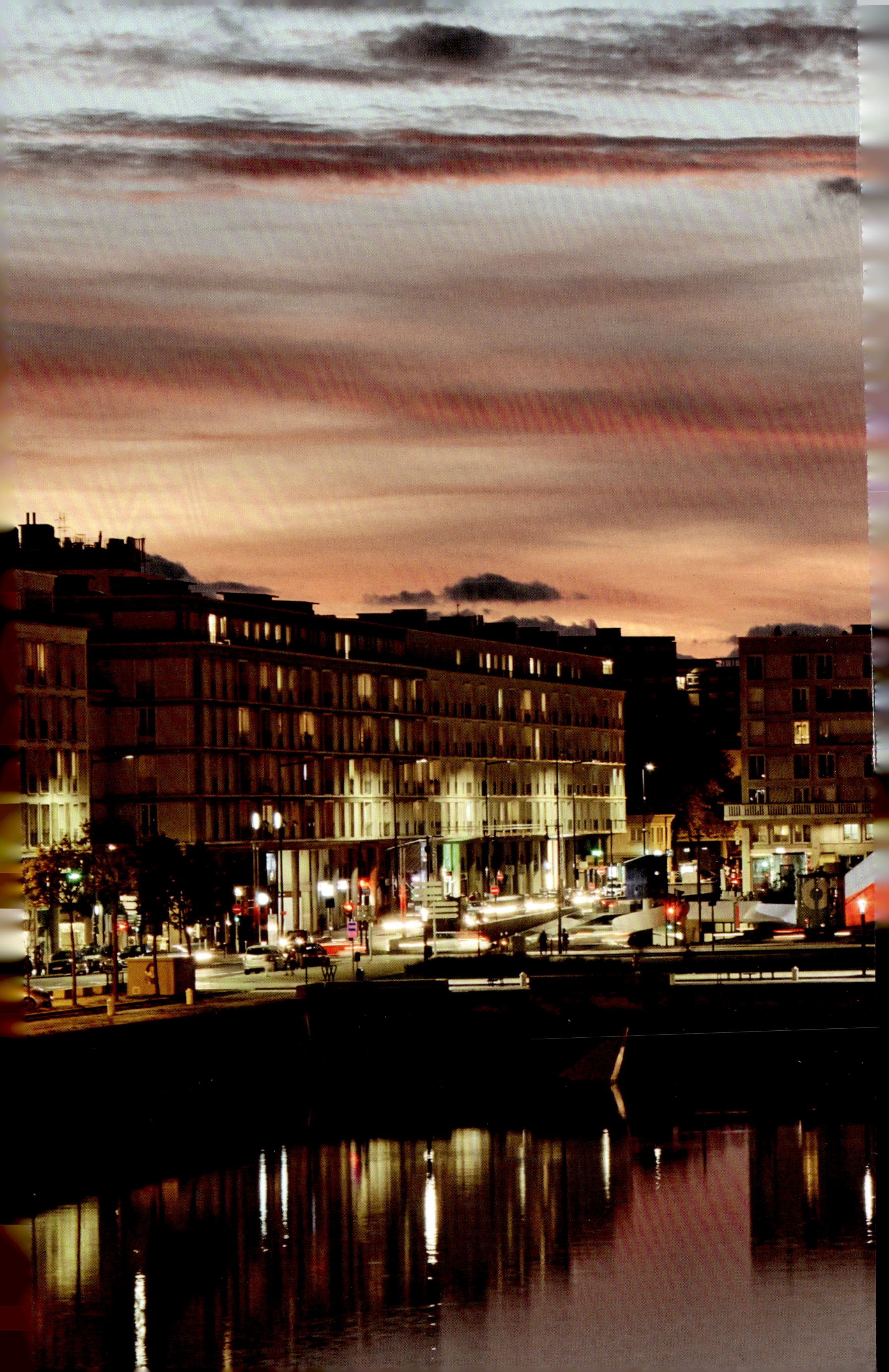

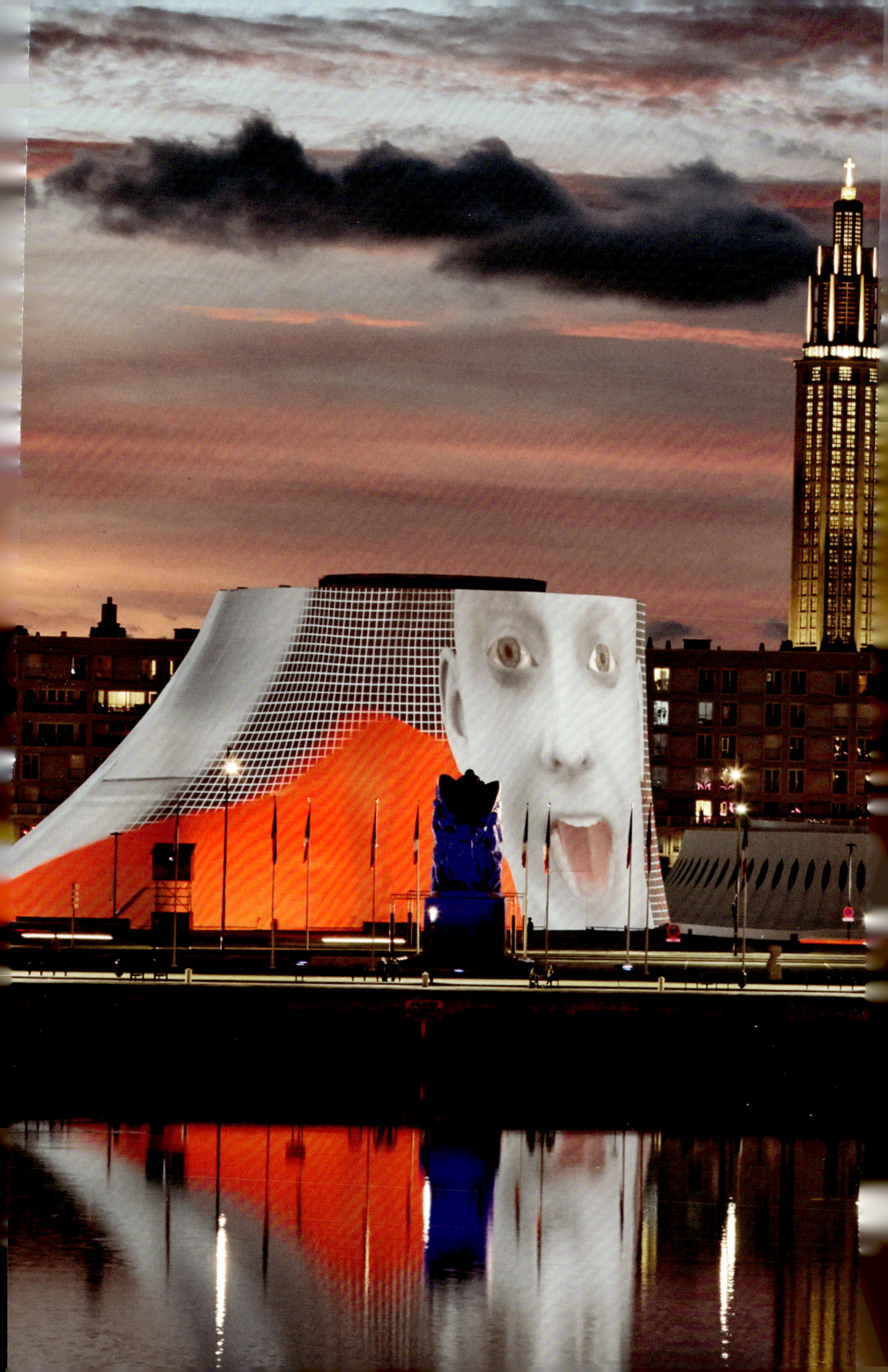

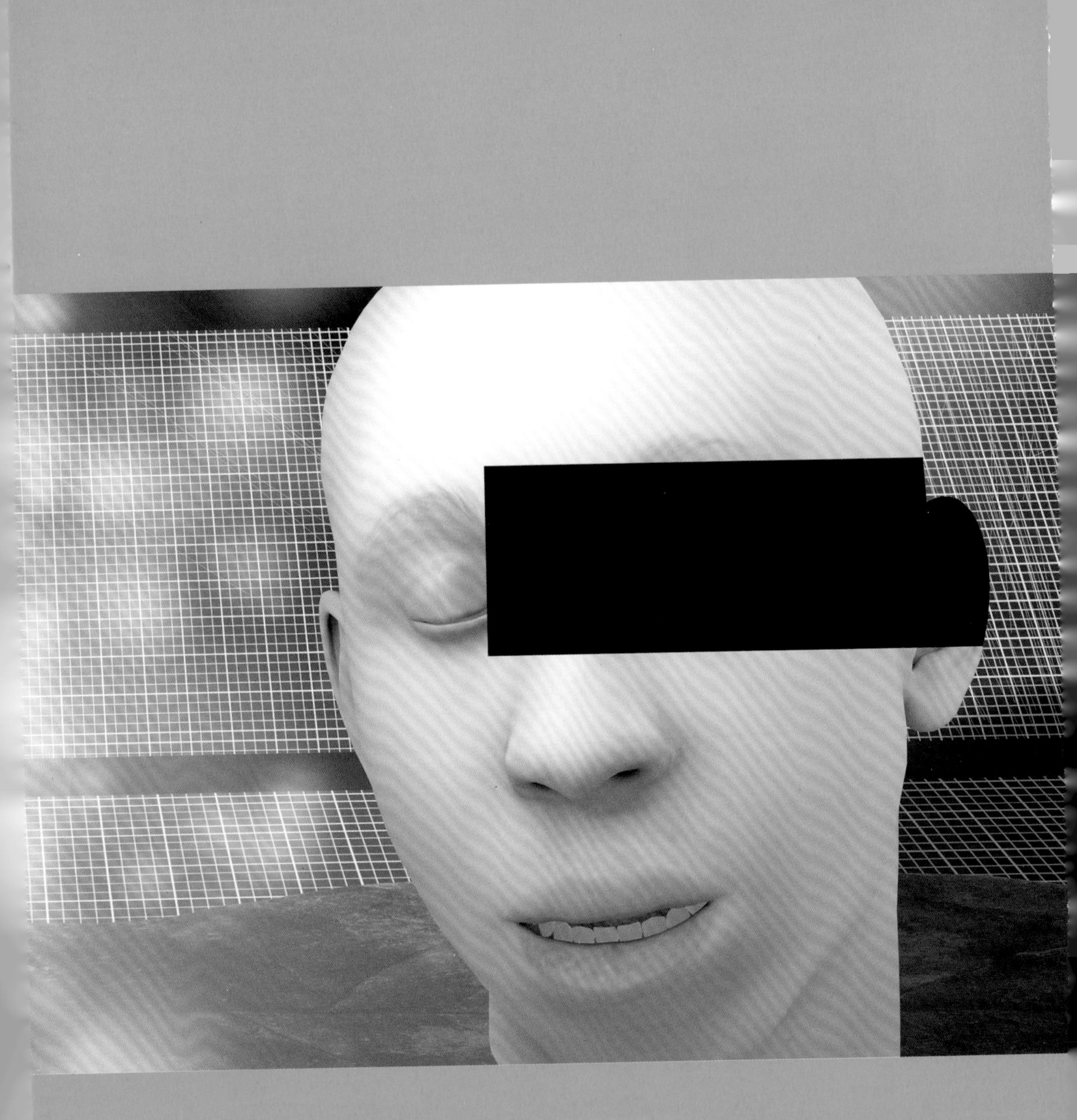

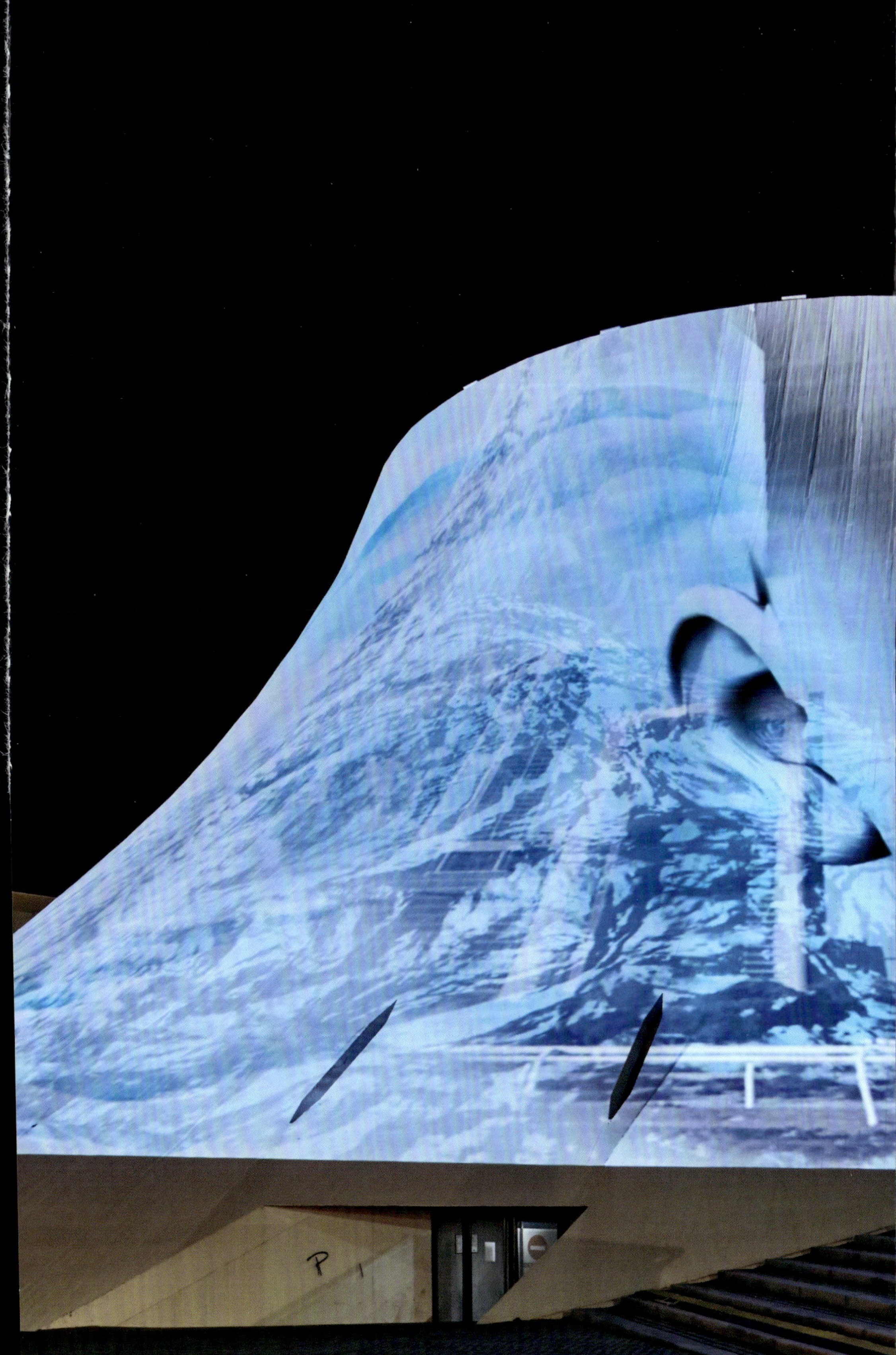

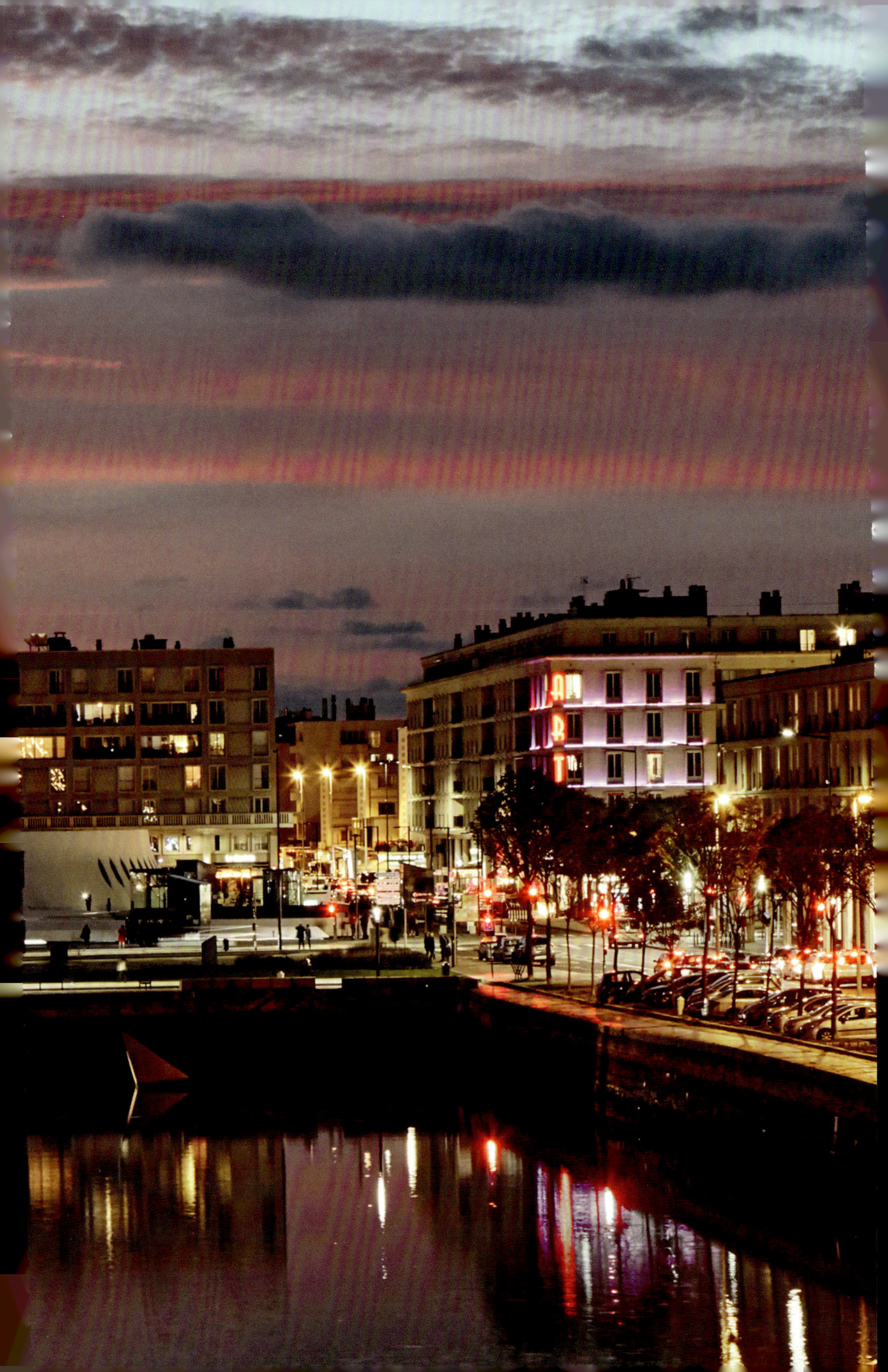
ART

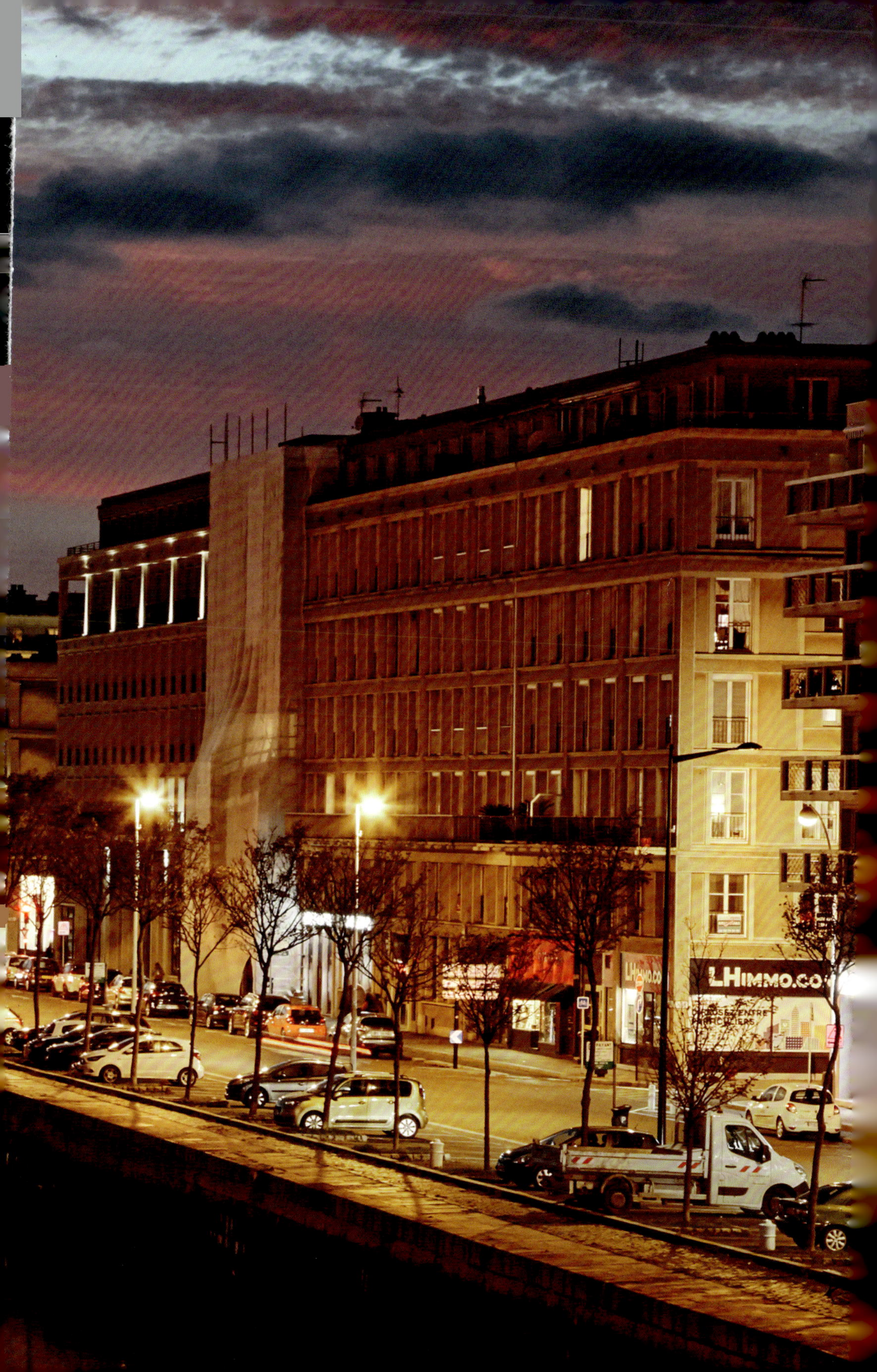
LHIMMO.CO

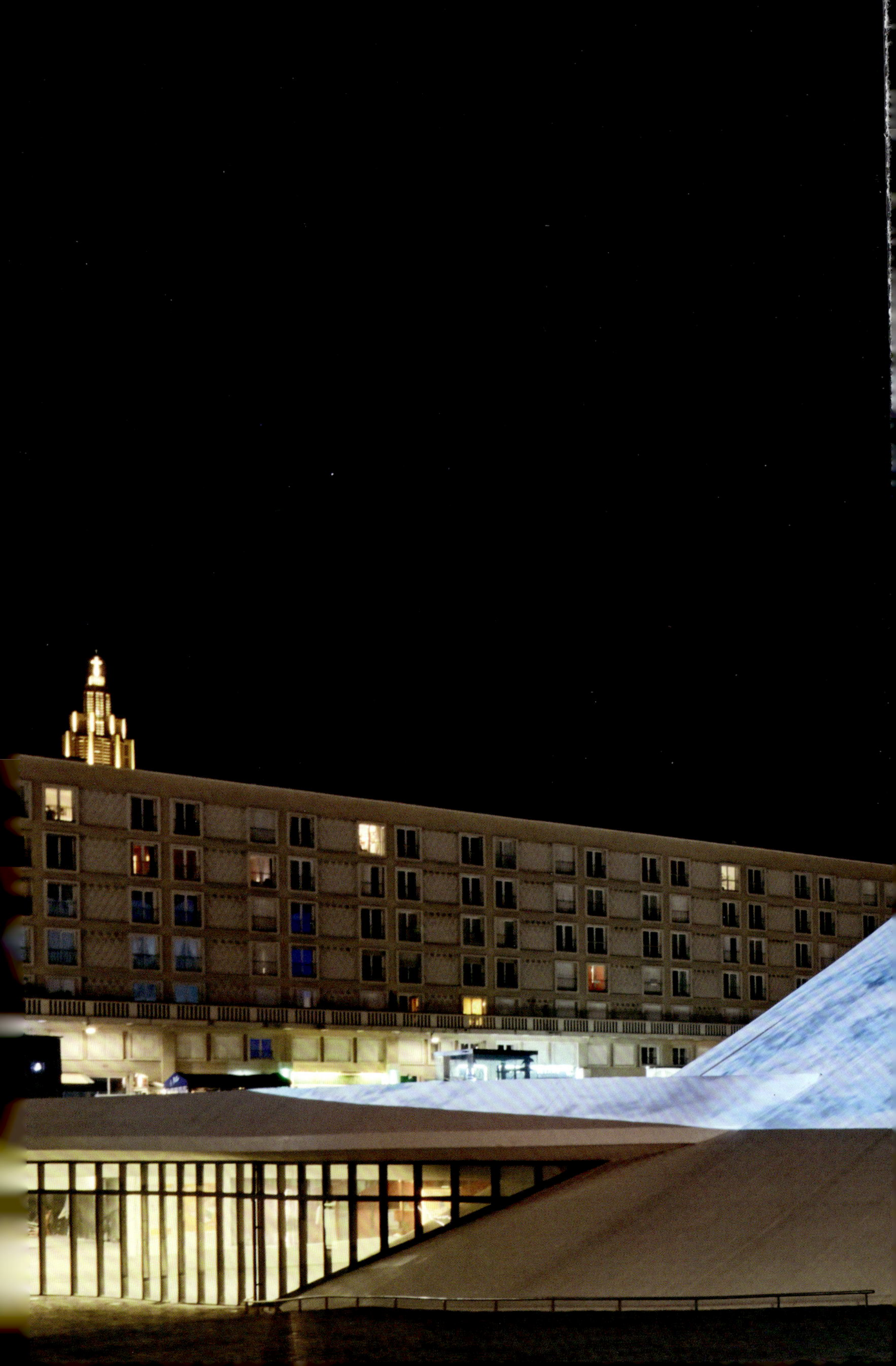

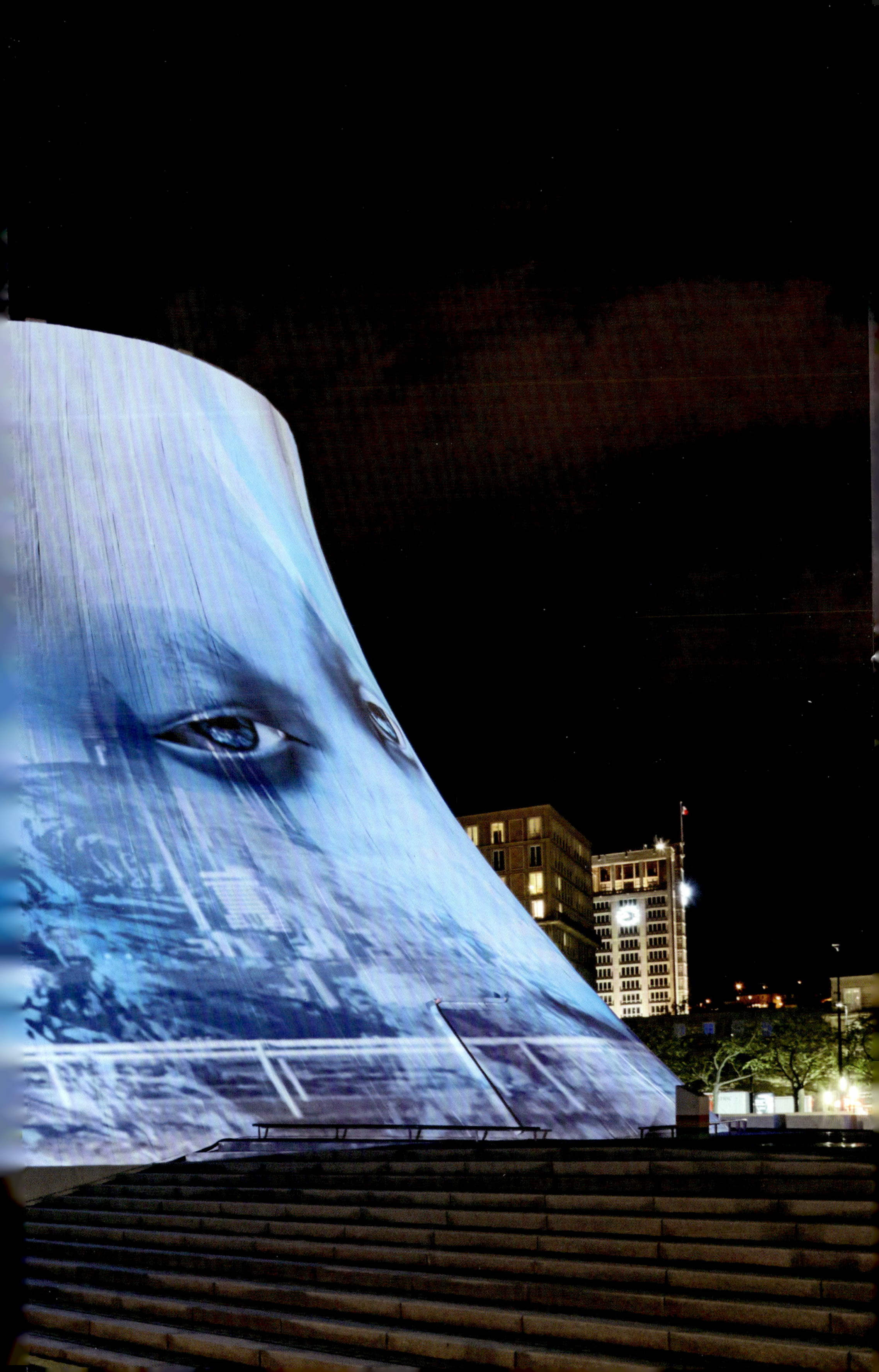

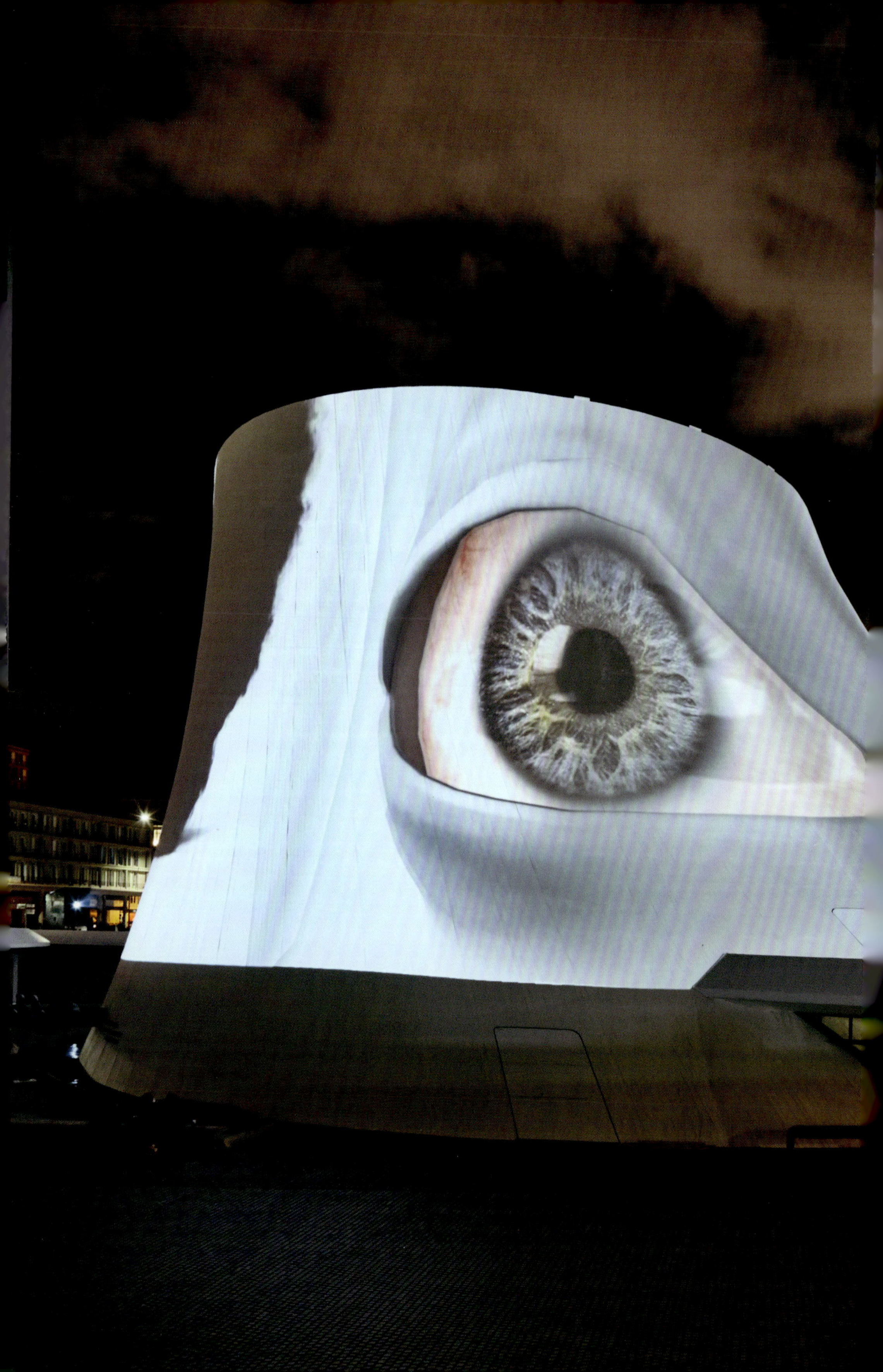

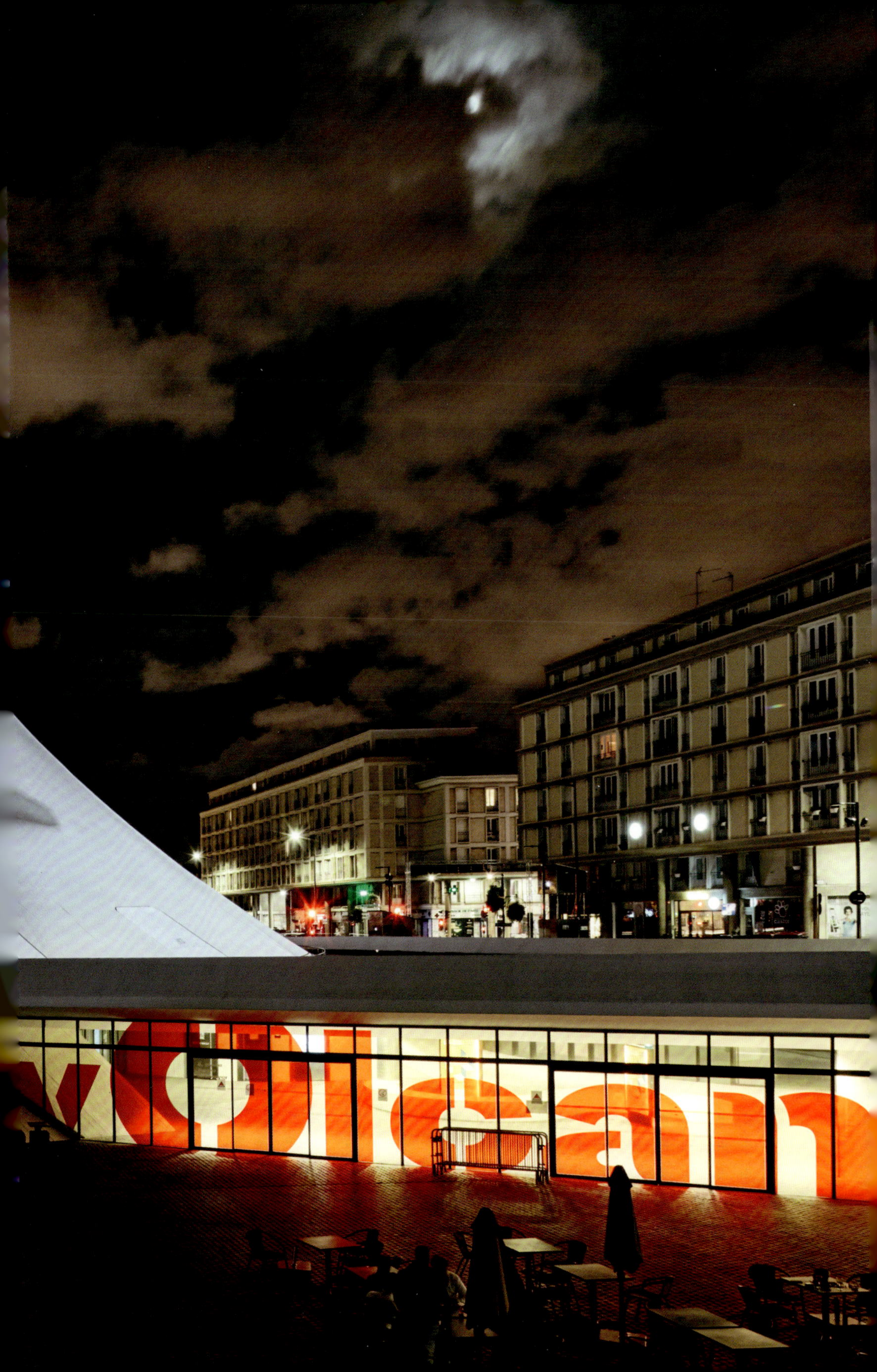

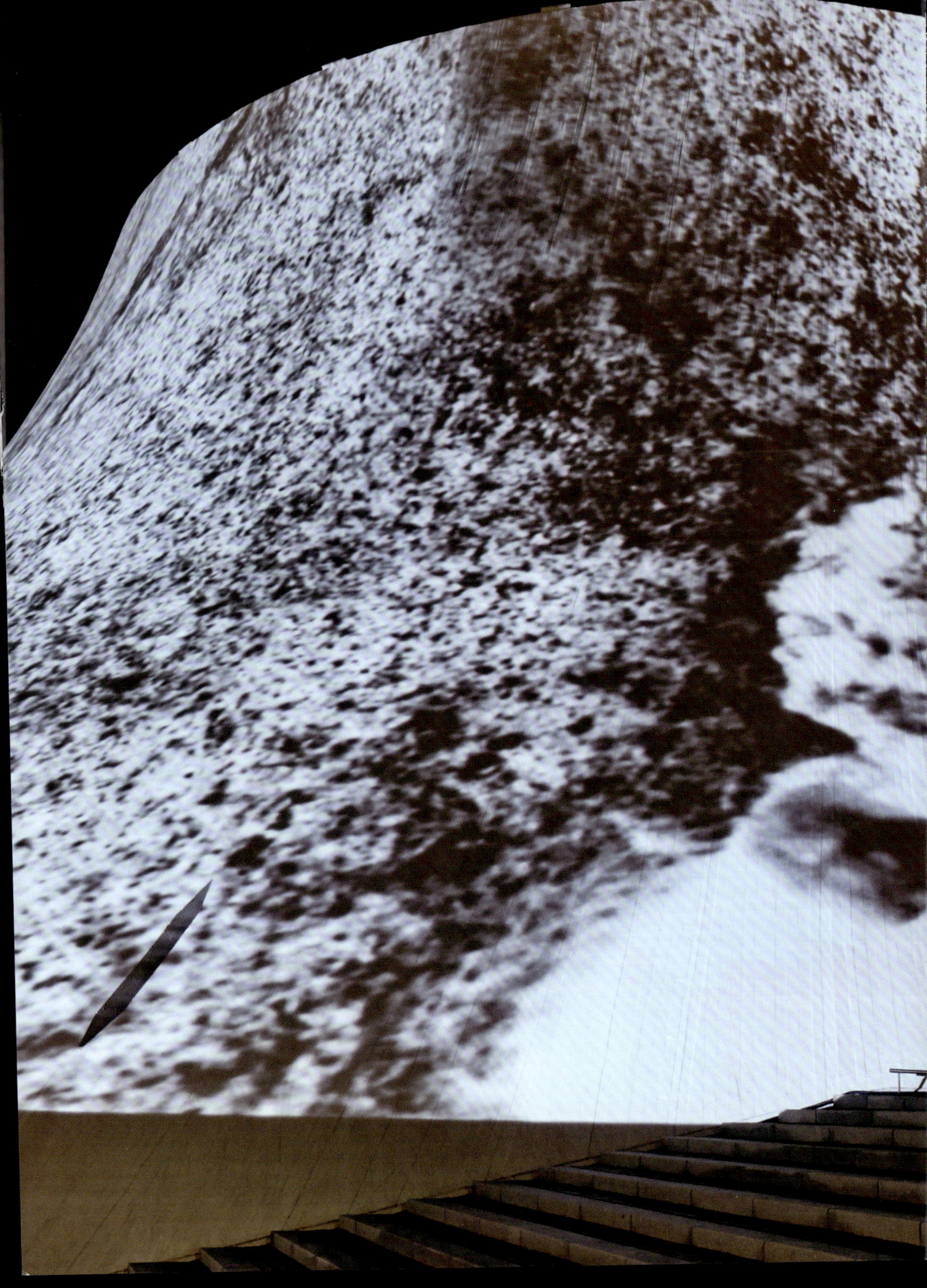

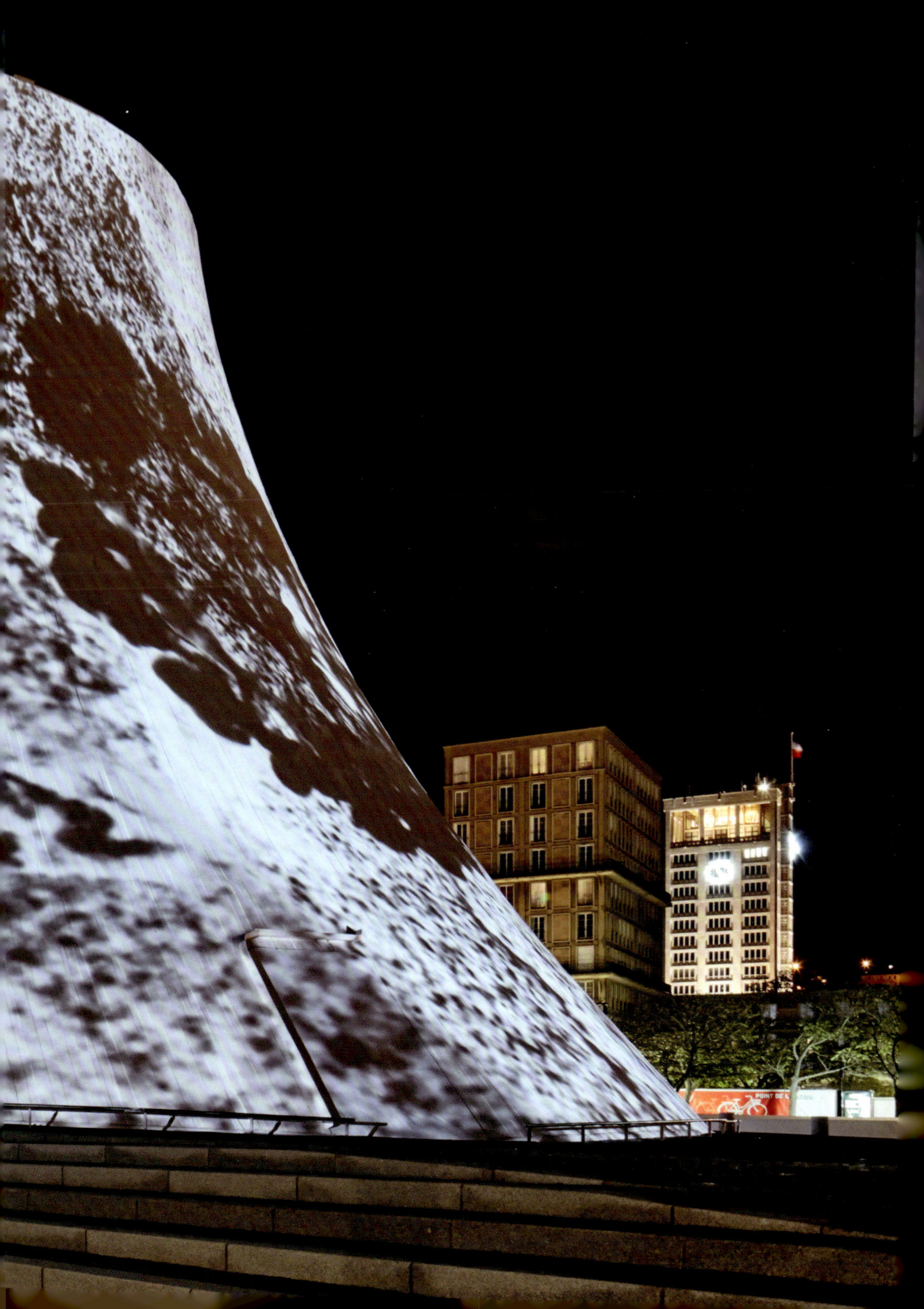

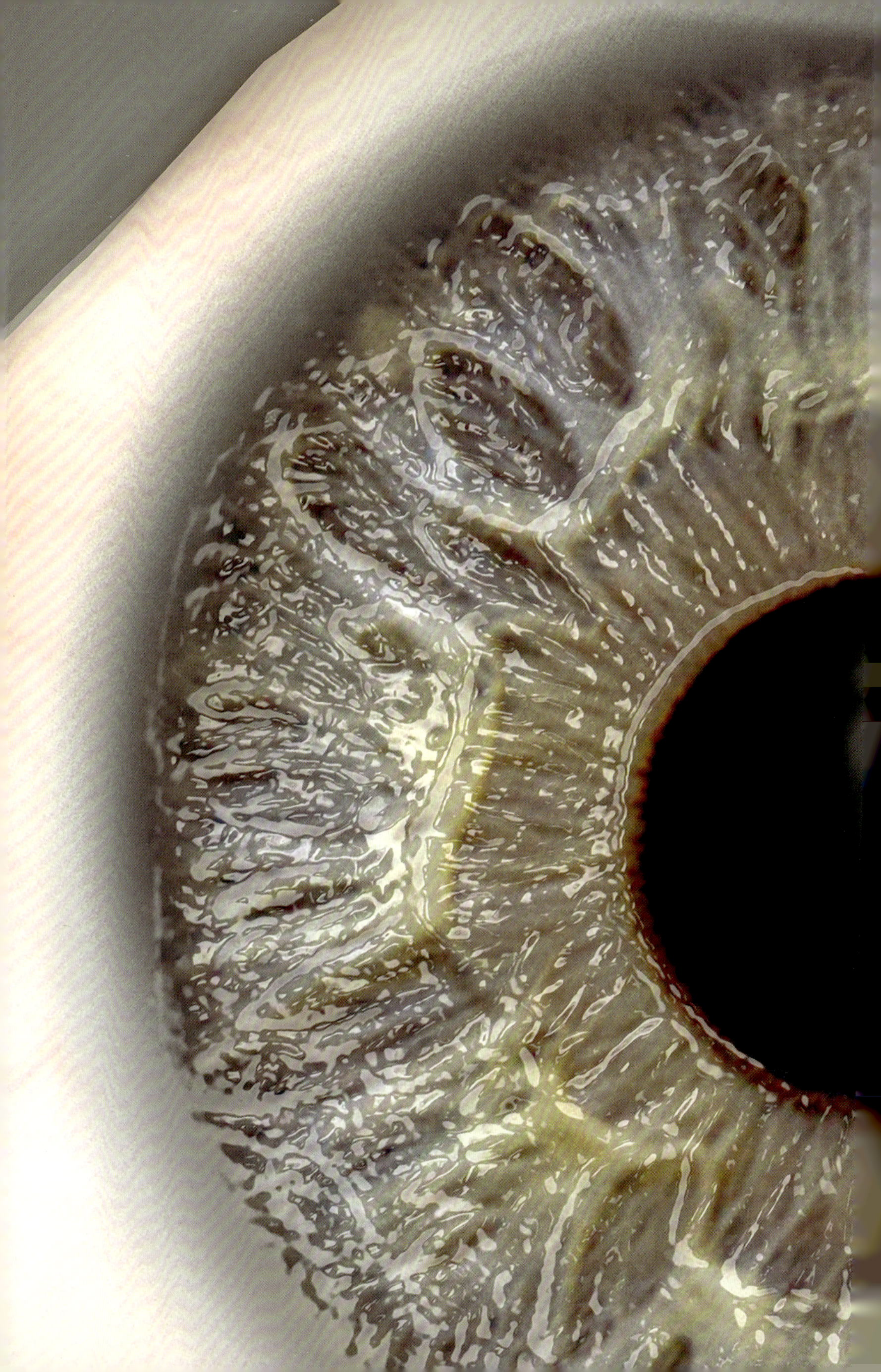

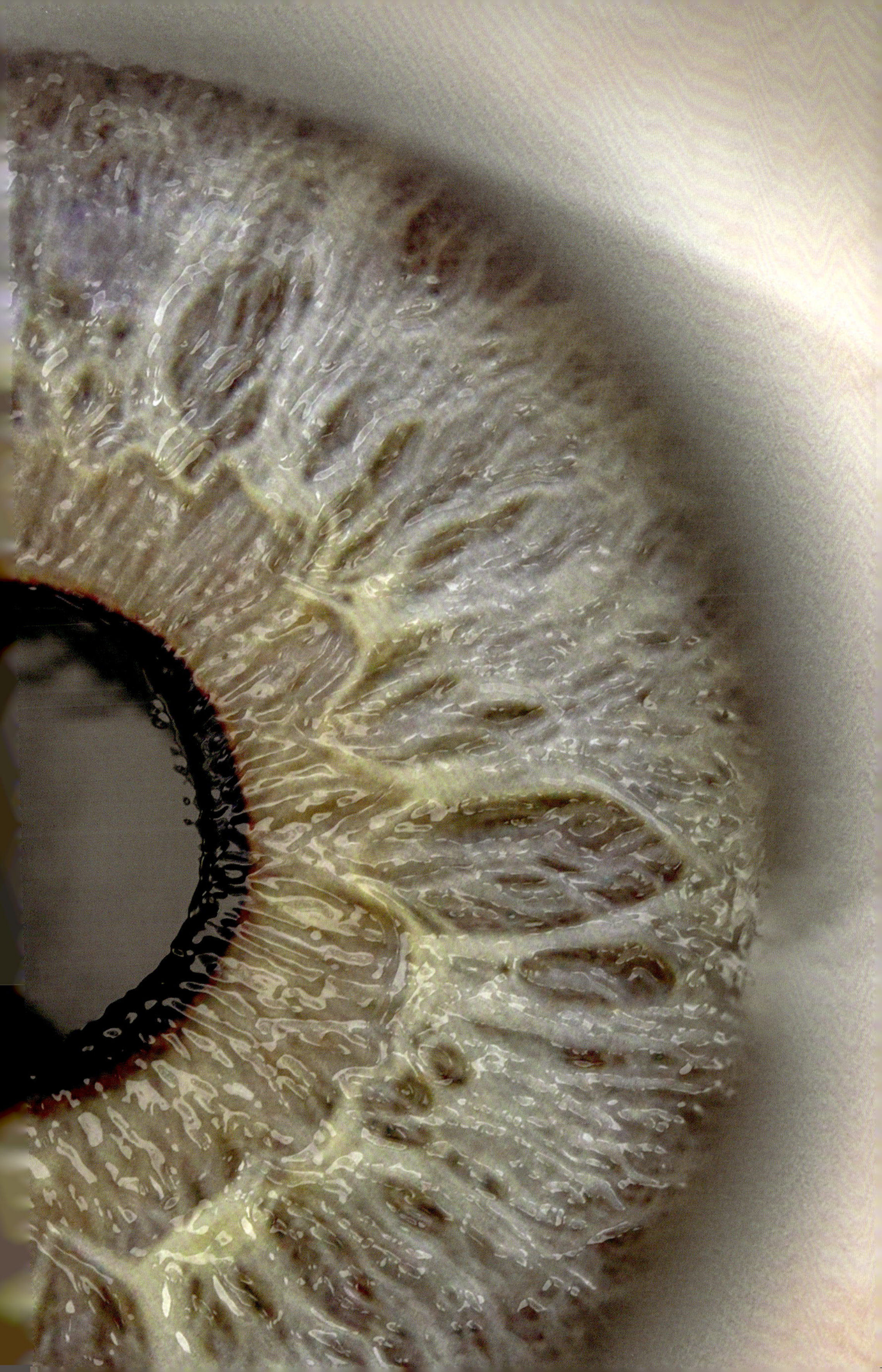

Remerciements à / Thanks to:

Wayne Ashley, Florence Berthaud, Rhys Bevan, Richard Castelli, Stéphane Dalbera, Jean-François Driant, Claire Dugot, Alexandria Eregbu, Gregor Grkinic, Claudia Hart, Ursula Hentschläger, Isabelle Meiffert, Pablo Monterrubio-Benet, Audemars Piguet, Detlev Pusch, Alfredo Salazar Caro, School of the Art Institute, Alp Seyrekbasan, Christine Shallenberg, Sharjah Art Foundation, Chara Skiadelli, Snow Yunxue Fu, Mike Stubbs, Akemi Takeya, Herwig Turk, Olivier Varenne, Lantian Xie

Né à Linz en Autriche, **Kurt Hentschläger** vit et travaille actuellement à New York. Il réalise des paysages audiovisuels immersifs, des constructions hybrides d'éléments réels et produits par synthèse. Ses œuvres prennent la plupart du temps la forme d'installations et de performances. De 1992 à 2003, il a travaillé de manière collaborative au sein du duo artistique *Granular-Synthesis.*

Ses œuvres ont fait l'objet d'expositions, entre autres, à la Biennale Arte et à la Biennale Teatro à Venise, au Stedelijk Museum à Amsterdam, au MoMA PS1 à New York, au Musée d'art contemporain de Montréal, au MAK, Musée des arts appliqués à Vienne, au ZKM, Centre d'art et de technologie des médias à Karlsruhe, au Musée d'art national de Chine à Beijing, au Musée national d'art contemporain à Séoul, au NTT InterCommunication Center (ICC) à Tokyo, au Grand Palais à Paris, à Lille 2004 Capitale Européenne de la Culture, à Ars electronica Center à Linz, au Laboratorio Arte Alameda à Mexico, au Mona, Museum of Old and New Art à Hobart, Tasmanie, à la Sharjah Art Foundation, à la SAT, Société des arts technologiques à Montréal, et à la Halle am Berghain à Berlin.

Actuellement, Hentschläger est artiste en résidence à la School of the Art Institute of Chicago (SAIC).

kurthentschlager.com

L'artiste est représenté par:
Richard Castelli / Epidemic

Kurt Hentschläger, born in Linz, Austria, lives and works in New York. He creates immersive audiovisual landscapes, hybrid constructions of real and synthesized elements. His works most commonly take the form of installations and performances. From 1992 to 2003 he worked collaboratively within the artist duo *Granular-Synthesis.*

Selected presentations of his work include: the Biennale Arte, Venice and the Biennale Teatro, Venice; the Stedelijk Museum, Amsterdam; MoMA PS1, New York; MAC Musée d'art contemporain de Montréal; MAK Museum of Applied Arts, Vienna; ZKM Center for Art and Media, Karlsruhe; the National Art Museum of China, Beijing; the National Museum for Contemporary Art, Seoul; NTT InterCommunication Center (ICC), Tokyo; the Laboratorio Arte Alameda, Mexico City; Mona Museum of Old and New Art, Hobart, Tasmania; the Sharjah Art Foundation, Sharjah; Halle am Berghain, Berlin.

Currently, Hentschläger is a Visiting Artist at SAIC, the School of the Art Institute of Chicago.

kurthentschlager.com

Artist Representation:
Richard Castelli / Epidemic

Depuis 1961, La Maison de la Culture devenue Le Volcan, Scène nationale du Havre est l'un des plus grands théâtres publics de France. Très impliqué dans la production de l'ensemble des disciplines du spectacle vivant, Le Volcan est aussi présent dans le domaine de l'image et des arts numériques. Installé dans une ville moderne dont le centre a été reconstruit par Auguste Perret après les bombardements de 1944, Le Volcan développe ses activités dans un bâtiment extraordinaire, conçu par le fameux architecte brésilien Oscar Niemeyer.

Entièrement rénové entre 2011 et 2014, Le Volcan est redevenu un théâtre exceptionnel de tous les points de vue : formes courbes, scénographie, outils scéniques, confort, aménagement, espace extérieur. C'est aussi un bâtiment qui participe de l'image du Havre et un signal fort en plein centre-ville classé au Patrimoine mondial de l'UNESCO.

Pour toutes ces raisons, offrir son cône extérieur entièrement blanc aux images des artistes les plus inspirés et les plus talentueux de la planète constitue une sorte d'évidence, tout autant que l'invitation lancée à Kurt Hentschläger, lui qui est déjà venu présenter son travail à plusieurs reprises dans nos murs et participera ainsi avec ORT à la clôture de la célébration des 500 ans du Havre.

Merci à nos partenaires publics (Ville du Havre, État, Région Normandie et Département de Seine Maritime), qui nous permettent notre forte ambition depuis bientôt 60 ans, et au Groupe Partouche dont l'engagement matérialise un nouveau rêve !

Since 1961, the Maison de la Culture, which has become Le Volcan, Scène nationale of Le Havre, is one of the most important public theatres in France. Very active in the production of all disciplines of the performing arts, Le Volcan (The Volcano), is also involved in the field of image and digital arts. Situated in a modern city whose center was rebuilt by Auguste Perret after the bombing of 1944, Le Volcan develops its activities in an extraordinary building designed by the famous Brazilian architect Oscar Niemeyer.

Entirely renovated between 2011 and 2014, Le Volcan was reborn as an exceptional theatre in all aspects: curved forms, scenography, scenic tools, comfort, layout, outdoor space. It is also a building that participates in the image of Le Havre and a strong signal in the city center classified as World Heritage by UNESCO.

For all these reasons, offering its totally white exterior cone to the images of the most inspired and talented artists on the planet is as obvious as the invitation to Kurt Hentschläger, who has already presented his work several times within our walls and will participate with ORT in the closing of the celebration of the 500th anniversary of Le Havre.

Many thanks to our public partners (Ville du Havre, État, Région Normandie and Départment de Seine-Maritime), which have enabled us to build our ambition during the last 60 years, and to the Groupe Partouche, whose commitment makes a new dream come true!

Jean-François Driant
Director, Le Volcan, Scène nationale du Havre

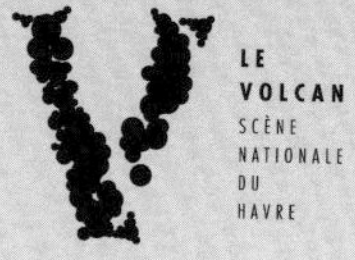

Impressum / Imprint

Edition / Editor
Isabelle Meiffert

Direction artistique / Art Direction
Detlev Pusch

Coordination / Coordination
Claire Dugot, Isabelle Meiffert

Text / Text
Daniel Rourke (10–14/20–24)

Traduction / Translation
Colette Tougas
Révision en anglais / Copy Editing English
May Koot
Révision en français / Copy Editing French
Florence Berthaud, Richard Castelli, Chara Skiadelli

Crédits photographiques / Photo Credits
Kurt Hentschläger
Sauf / except: Bruno Klomfar (19, 71–81)
Édition d'images / Image Editing
Michaela Müller, bildpunkt

Gestion de la production /
Production Management
DISTANZ Verlag, Rebecca Wilton
Production / Production
Optimal media GmbH, Röbel / Müritz

Distribution / Distribution
Gestalten Berlin
www.gestalten.com
sales@gestalten.com

ISBN 978-3-95476-217-0
Imprimé en Allemagne / Printed in Germany

Publié par / Published by

DISTANZ Verlag
www.distanz.de

RENDERED REAL
Paysages électroniques de Kurt Hentschläger
The Mediated Landscapes of Kurt Hentschläger

Cet ouvrage a été publié
pour accompagner la présentation d'ORT :
Le Volcan, Le Havre, France ;
du 6 au 28 octobre 2017

This book has been published to accompany
the presentation of ORT:
Le Volcan, Le Havre, France;
October 6–28, 2017

Groupe Partouche est l'un des principaux partenaires privés du monde de la culture en France (Festival d'art lyrique d'Aix-en-Provence, Biennale d'art contemporain de Lyon, Festival du film romantique de Cabourg …). Propriétaire du Pasino du Havre, Groupe Partouche a initié dès 2006 la Biennale d'art contemporain du Havre sous la direction artistique de Linda Morren. Ce sont quatre Biennales qui accueillirent entre 2006 et 2012 des artistes internationaux reconnus comme Gilbert & George, Edward Ruscha, Jivya & Sadashiv Soma Mashe, Jean-Michel Alberola, François Morellet, Wim Delvoye, Vaughn Bodé. Dans le cadre de la convention qui unit le Pasino à la ville du Havre, ces deux partenaires ont souhaité faire évoluer le concept de la Biennale vers une manifestation artistique annuelle, dont le Grand Casino du Havre assure désormais la maîtrise d'œuvre et le financement. Linda Morren poursuit donc le propos artistique des biennales précédentes en invitant des artistes de grande qualité. C'est ainsi que trois expositions, Lucie + Jorge Orta (2014), Célébrer la Terre (2015), L'autre continent (2016), ont été créées dans le cadre du partenariat avec la Fondation Positive Planet, qui depuis dix-huit ans lutte contre la pauvreté et comme le rappelle Jacques Attali : « Tout en effet y converge : l'économie positive désigne tous ceux qui y travaillent dans l'intérêt des générations suivantes. » Pour 2017, avec ce même regard sur le même monde, l'artiste Kurt Hentschläger propose ORT, une œuvre vidéo en haute définition à 360° de 24 minutes, qui sera projetée sur la coque du Volcan, scène nationale, bâtiment imaginé et créé par Oscar Niemeyer. Images et propos captés à travers le monde en métissant images urbaines véritables ou virtuelles, soit Le Havre comme ville-monde, ville-planète depuis 500 ans.

Groupe Partouche is a major private partner on the French cultural scene: Festival d'Art Lyrique d'Aix-en-Provence, Biennale d'Art Contemporain de Lyon, Festival du Film Romantique de Cabourg, and more. In 2006, Groupe Partouche, owner of Le Havre's Pasino, launched the Art Le Havre Biennial of Contemporary Art, under the artistic direction of Linda Morren. An array of internationally renowned artists were featured in the four biennials from 2006 to 2012, including Gilbert & George, Edward Ruscha, Jivya & Sadashiv Soma Mashe, Jean-Michel Alberola, François Morellet, Wim Delvoye, and Vaughn Bodé. Under the auspices of an agreement between them, the Pasino and the city of Le Havre wished to take the biennial concept to the next level with an annual artistic event to be orchestrated and financed by Le Havre's Grand Casino. Ms. Morren is taking up the practice of prior biennials by inviting highly accomplished artists. Three exhibitions —Lucie + Jorge Orta (2014), *Célébrer la Terre* (2015), *L'autre continent* (2016)— have thus been created in partnership with the Positive Planet Foundation, which has led the fight against poverty for eighteen years. As Jacques Attali says: "Indeed, it all comes together: the positive economy includes all those who work together for the good of future generations." In 2017, looking upon the world with the same perspective, Kurt Hentschläger is proposing ORT, a high-definition, 360° video work in a 24-minute sequence that will be projected all over the outer shell of the "Volcan," the national theatre building conceived and created by Oscar Niemeyer. Images and themes of urban life, real and virtual, recorded from across the world: a reflection of Le Havre—a 500-year-old world-city, a planet-city!

Ari Sebag
membre du directoire Groupe Partouche
Member of the Groupe Partouche Executive Board

Linda Morren
directrice artistique et chef de projet
Artistic Director and Project Manager

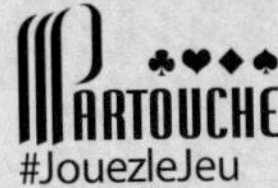

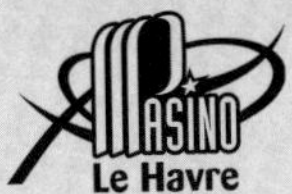